成为
独角兽

[美] 阿尔·拉马丹（**Al Ramadan**）

[美] 戴夫·彼得森（**Dave Peterson**）

[美] 克里斯托弗·洛克海德（**Christopher Lochhead**） 著

[美] 凯文·梅尼（**Kevin Maney**）

田新雅 译

How Pirates, Dreamers, and Innovators
Create and Dominate Markets

中信出版集团 · 北京

图书在版编目（CIP）数据

成为独角兽 /（美）阿尔·拉马丹等著；田新雅译 .
-- 北京：中信出版社，2017.9（2018.7重印）
书名原文：Play Bigger: How Pirates, Dreamers,
and Innovators Create and Dominate Markets
ISBN 978-7-5086-7895-5

Ⅰ. ①成…　Ⅱ. ①阿…　②田…　Ⅲ. ①创业－研究
Ⅳ. ① F241.4

中国版本图书馆 CIP 数据核字（2017）第 170206 号

成为独角兽

著　者：[美]阿尔·拉马丹　[美]戴夫·彼得森　[美]克里斯托弗·洛克海德　[美]凯文·梅尼
译　者：田新雅
出版发行：中信出版集团股份有限公司
　　　　　（北京市朝阳区惠新东街甲 4 号富盛大厦 2 座　邮编　100029）
承 印 者：北京楠萍印刷有限公司

开　本：880mm×1230mm　1/32　　　印　张：9.5　　　字　数：181 千字
版　次：2017 年 9 月第 1 版　　　　印　次：2018 年 7 月第 4 次印刷
京权图字：01-2016-8342　　　　　　广告经营许可证：京朝工商广字第 8087 号
书　号：ISBN 978-7-5086-7895-5
定　价：48.00 元

献 词

献给我的妈妈，莉莲。你是勇气、爱和生命的不竭源泉。我看到你在塞拉山翱翔。
——阿尔

献给我的女儿，埃莉诺。我希望有一天，因为这本书，她觉得自己的老爸有点儿想法，有点儿酷。
——戴夫

献给我的祖父约翰（杰克）·利克。
——克里斯托弗

献给戴夫和斯考特。
——凯文

目　录

第一部分
品类王经济

第 1 章　创新制胜 /3

第 2 章　品类是新战略 / 29

第三部分
基业长青的品类王

序一

三个美国合伙人和他们的"独角兽指南"

真格基金创始人　徐小平

从我创办真格基金以来，2017 年已是第六个年头。正当我在酷暑之中总结回顾做投资的种种得失之时，中信出版社的编辑邀请我为她们即将出版的译作《成为独角兽》写序。

虽未曾与这本书的作者——硅谷咨询公司 Play Bigger 的创始人们见过面，但读完此书，他们的人生轨迹却在我心里引起了共鸣。他们三位曾经在不同的领域各领风骚，后来却又都遭到了不同程度的事业挫败，这三个"老男孩"最终决定通过优势互补来合伙创立 Play Bigger。可以说，他们的经历契合了电影《中国合伙人》的精神实质：曾经在创业道路上披荆斩棘，拼尽全力让自己的公司做大、上市的"运动员"，忽然间转变为指导创业者完成品类设计，走向成为独角兽之路的"教练"。这也引发了我的高度共鸣——做投资的，谁不想投出众多独角兽呢！

每个投资人都想投出独角兽，每个创业者也都想创出独角兽。那么，成为独角兽需要什么条件？Play Bigger 的创始人们在书中提出，创业公司要想成为独角兽，就必须要创造一个全新的品类，并且要在这个品类当中成为王者。苹果公司在按键手机的时代，开创了触摸屏手机这个品类，优步创造了打车软件的新品类，Netflix 创造了流媒体电影品类，脸谱网创造了基于现实生活的新型社交网络品类，爱彼迎创造了按需预定民宿的新品类……

这本书中有关创造新品类的洞见让我不禁想起真格基金曾经在早期错过，但后来又有幸投到的独角兽公司"罗辑思维"。早期的罗辑思维，虽然靠着罗胖（罗振宇）的脱口秀节目收获了上亿人次观看，以及每天 60 秒语音推送吸引了无数听众，但也只能说是提供了比其他自媒体更好的内容而已。但在它推出"得到"App 之后，罗辑思维就不再是一家自媒体，而是成了像生产、销售商品一样制作、分发知识的"知识运营商"，成了"销售知识产品的淘宝"，由此引发了知识付费的热潮。"得到"不仅在中国创造了一个全新的品类，事实上它在全球范围内也是独一无二的创新。

正如书里面所说的，"若你正在用从别处学来的模板，那你其实是个追随者"。对于创业者来说，每一个人都应该思考这本书中提出的问题：你正在创造的事物是不是只是很棒而已？它的特色是不是已为别的品类所有？它能不能发展出可以独当一面、有活力的品类？它仅仅是比现有的解决方案"更好"，还是与众不同？

对于投资人来说，也可以从书中提到的硅谷著名的"戴夫三大问"中获得启发，以此为基点来判断一个新项目是不是有可能成为"品类王"。这三个问题是：你能不能像给一个 5 岁的小孩儿讲述一样，告诉我你正在解决什么问题？如果你的公司成功地解决了这个问题，那么它属于什么品类？如果你的公司占有上述品类 85% 的市场份额，那么你的品类潜力还有多大？

我想把"戴夫三大问"的第一问特别拿出来说一说。我见过许多创业者，他们总是无法说清楚自己要解决什么问题，要做什么东西。如果一个创业者跟全神贯注听他讲话的投资人都说不清楚他要做什么，他怎么可能跟媒体和公众说清楚？他又怎么能够有效地向市场推销他的公司呢？

偶然崛起的品类王也许完全靠运气。但是，多数品类王的出现并非偶然。许多企业刚开始靠运气，在对的时间解决了一个看似微不足道却蕴藏巨大商机的问题。但是，通过做出明智的决定、坚定地实施预期计划，这些企业创造并主宰了新品类。《成为独角兽》这本书基于数据分析和访谈，分析了诸如亚马逊、Salesforce、优步和宜家这样的"品类王"的内部运作规则，对于创业者和投资人来说都深具借鉴意义。

《成为独角兽》所传达出的理念看似是一种颠覆，但其实颠覆并非创投的目的，为社会及全人类创造长久的价值才是目的。若真有什么成为独角兽的成功秘诀，那一定是你的公司通过创新，解决了某个长期以来困扰着人们的痛点，让人们获得了某种前所未有的美好体验。作为一个天使投资人，我对于独角兽的期待，不仅仅包含着对投资回报的期待，更充满了对人类的创意和创造力的无限憧憬。

序二

成为独角兽的意义不在于垄断，而是创新

优客工厂创始人、CEO　毛大庆

当冷冻食品成为我们日常生活中最平常的食物时，却很少有人想到，在 20 世纪 20 年代之前，世界上并没有"冷冻食品"，是一位叫克拉伦斯·伯宰（Clarence Birdseye）的博物学家发明了"冷冻食品"。

在克拉伦斯·伯宰建立"鸟瞰"（Birds Eye）冷冻食品公司之后，他发现自己需要自行设计和创造"速冻食品"这整个品类。因为市场上没有现成的产业链能将冷冻食品从工厂流转到消费者手里。这意味着，一切都要从零开始，他要为铁路发明冷冻车，为食品商发明冰柜，投放大量广告等，他的投入经过了漫长的 20 多年，才收回成本。

显然，新生事物要想形成一个产业链，就需要有人付出千百倍的努力，去创新、创造、开拓和引领一个新的品类成长。

而设计品类、打造品类王、对抗引力、挖掘品类潜力的创

始人——真正的海盗、梦想家和创新者——要建立的是几代人的事业。

伯宰无疑是成功的，他的"鸟瞰"在近一个世纪之后仍是冷冻行业的巨头。

今天我们所熟悉的脸书、谷歌、Salesforce、优步等，无一不是正在开创新品类的经典企业。以优步为例，它不但解决了都市打车难的问题，还提高了私家车的使用效率，进而减少了城市车辆过多引起的运输方式昂贵、空气污染和交通拥堵等问题，虽然优步不能解决城市绿色交通的所有问题，但它对人类出行方式的改善的贡献是毋庸置疑的。

《成为独角兽》就是一本揭示品类王和品类设计是如何发挥作用的书。它的作者是几位来自美国的创业咨询师，他们自称为"海盗、梦想家和创新者"——这是真正的创业者所需要具备的特质。当书里面描绘的一个个独创的新品类，在我的脑海中反复出现时，仿佛一曲雄浑、厚重、激昂的背景音乐在不断汹涌澎湃地奏鸣。当一切激荡归于平静，在我的脑海中却跳出两个字——创新。

创新是什么？找到一个你的技能可以满足的新需求，或者根据你的技能找到需求。在中国，我们对新品类的运用和创新已经能够改变世界经济和全球人民的生活方式：电子商务领域的阿里巴巴开辟了中小企业参与世界贸易的新途径；支付宝让更多国家的人民感受到了无现金化社会的便捷；微信让移动通信更多样、更简单；当然还有共享办公，为更多富有创业、创新精神的青年投身创业大潮提供了全方位的帮助，而在共享办公领域进一步创新的共享际，更是为创业、办公生活提供了新的选择。2017年6月，风投数据公司CB Insights发布了2017年全球最具价值的197家"独角兽"公司榜单，中国共有49家企业上榜，占全部上榜企业的21%。其中，"独角兽"最多的3个领域是：电商（17%）、互联网软件及服务（14%）和金融科技（11%）。此外，2017年新诞生的3家独角兽企业分别是中国Q&A网站"知乎"和联合办公空间公司"优客工场"，以及美国基于云的视频会议公司Zoom Communications。

　　在全球15家超级独角兽，即"十角兽"公司中，中国仅次于美国占到6家，它们分别为：滴滴出行（估值500亿美元）、小米（估值460亿美元）、陆金所（估值185亿美元）、新美大（估值180亿美元）、今日头条（估值110亿美元）、大疆创新（估值100亿美元）。

　　当我们把时光拉回到2016年，在CB Insights公布的2015年度独角兽榜单中，中国企业上榜33家，"十角兽"企业有5家。从行业分布来看，数量最多的是电子商务领域（13家），其次是金融科技领域（4家）。对比而言，我国企业在电子商务和金融科技领域依然保持着强劲的增长势头，那些雄霸"十角兽"榜单和首次进入"十角兽"榜单的企业，比如今日头条，其背后的成长逻辑无一例外都是基于对科技坚持不懈的创新以及在竞争激烈的领域找到了属于自己的品类定位。

《成为独角兽》中提道:"最打动人心的企业卖的不是'更好',而是'不同'。"这种不同,在技术行业或许叫"颠覆",或许叫"创新",但不得不承认的是,每一种创新都来之不易,每一次创新都让人倍感困惑又欣喜若狂。这条路也许异常艰辛,但人们前赴后继,这是创新的魅力,也是创新的意义。

伟大的品类设计引导市场理解公司的洞见。在共享经济领域,在继共享出行、共享短租之后,共享经济的创新如雨后春笋般疯狂铺展,共享单车、共享空间已经成为我们生活中新的风景,与此同时,共享养老院、共享宠物、共享停车位等新业态也初现端倪。

在我看来,企业的开始与延续,在成为独角兽的道路上,不是以垄断或谋利为最终目的,而应该是以创新为过程,以提高人类生存便利程度、保护环境、节约资源为方向。

在古代,在交通极不便利的情况下,"日行千里"只能是一种传说,而现在高铁技术,可以让我们做到两小时之内行驶超千里。这种变化来源于哪里?归根结底是创新。可见,创新促进人类文明,改变了社会。我国从引进高铁技术,到独立自主地建造"复兴号",就是因为我们坚持不懈地创新,我国经济、科技未来的超越和开拓的希望仍然是创新。

即使是我从事的共享办公行业,我认为它现在也只是处在初期状态,以后还可以有更多的创新形式出现,根据消费者想到的和没有想到的需求为新的突破口，这就是品类创造的价值，我认为这也是《成为独角兽》所要传达的内涵，以创新改变时代。创新可以催生一批新的独角兽公司，创新更可以推动国家经济实力和综合国力的大幅度提升。今天，国力的竞争已经远远不只是军事竞争，而是国家的企业实力。现在，我们在某些互联网技术、移动支付、网上金融、高铁技术等方面实现了跨越式的发展，领跑于世界。但我们还有很多方面远没有赶上发达国家的技术水平，只有也唯有持之以恒地创新，不等不靠，依靠一批在创业、创新领域崛起的世界级企业家持续地付出，我们才能在更多方面实现技术腾飞，实现中华民族的伟大复兴。

前　言

从"坏金枪鱼"到"成为独角兽"

大部分书是独奏，你手里的这本书却是合奏。

听我说说我们的故事吧。

首先，阿尔·拉马丹（Al Ramadan）、克里斯托弗·洛克海德（Christopher Lochhead）和戴夫·彼得森（Dave Peterson）都有点儿像疯子，当然，这种说法是褒义的。过去十几年，他们之间建立了一种我从未见过的友好关系。他们的公司——Play Bigger（成为独角兽）[1]，因为帮助一些公司实践书中阐述的做法，获得了高额的回报。（你赚到了！）公司只有他们三人和他们的大总管玛丽·福尔曼（Mary Forman，"行政"一词对她有点儿不公平，因为她做的远多于此）。他们并没有打算多雇人，也没有打算进行全球化、找风投或"颠覆"麦肯锡。他们甚至没有办公室，而只是喜欢光着脚、穿着短裤在克里斯托弗位于加州圣克鲁兹（Santa Cruz，美国加州西部城市）的家中工作，在屋里还能听到屋后的母鸡咯咯哒。大浪来了，他们就去冲浪休息会儿。他们对一切充满热情，喜欢说每句话都带脏字。发表演讲时，比如对董事会，他们给人的印象又是截然不同的，可以说他们集商业战略家、励志演说家和海盗的角色于一身。

最重要的是，他们在生活中也像在工作中一样亲密无间，与其说他们是好合伙人，不如说他们是好兄弟。偶尔，我甚至听到他们半开玩笑地叫对方"亲爱的"。

阿尔出生在澳大利亚，但他的爸爸是从塞浦路斯移民过去的蓝领；克里斯托弗在加拿大蒙特利尔法语区一个来自苏格兰的英语家庭长大，家里人一直认为他比普通孩子笨，直到二十几岁，他才知道自己有阅读困难症；戴夫是出生在美国爱荷华州乡村的农家男孩，看着像亚洲人，很特别。他的妈妈是日本人，在"二战"的大轰炸中幸存下来，后来嫁给了美国士兵，这个曾经只会喷洒杀虫剂的飞行员把她带回了爱荷华州的乡村。20 世纪 90 年代，阿尔、克里斯托弗和戴夫机缘巧合地在硅谷相遇。在成功之前，他们各自都经历过惨痛的失败——在我看来，正是那些失败造就了他们现在的成功。或者，用技术人员的话说，失败是特性不是故障。

我认识阿尔的时间最长。在 20 世纪 90 年代末，我为《今日美国》(USA Today) 撰稿，报道互联网热潮，当时我采访了 Quokka 体育的创始人阿尔。那是我那个年代最喜欢的公司。阿尔曾经是澳大利亚"美国杯"比赛组的首席技术官。那段经历让他明白了两件事：一是新兴的网络设备能获取比赛船只的所有数据；二是帆船运动在电视上播放的效果很差。他创办 Quokka 体育的初衷是收集体育数据，开创性地将其放在网上，让航海、赛车或奥运赛事的观众对体育有全新的、沉浸式的体验。在数据将如何改变粉丝消费体育的方式上，Quokka 体育做对了所有事——但它超前了 10~20 年。体育数据时代最终在 21 世纪第二个 10 年中期确立，Quokka 也在互联网时代茁壮成长，但它终究在 2000 年互联网泡沫破灭时没挺住，2001 年便倒闭了。那时，阿尔和我已经成了朋友，我只要写体育数据相关的文章都会继续和他探讨。

阿尔在 Macromedia（全球著名的网络多媒体软件公司）做到高层，后来 Adobe 收购了 Macromedia。2001 年，阿尔第一次在 Macromedia 遇到克里斯托弗和戴夫。

在硅谷圈，克里斯托弗是营销传奇。如果说布鲁斯·威利斯是《虎胆龙威》系列电影里的 CMO（首席营销官）——那他比起克里斯托弗还差远了。克里斯托弗性子急、骄傲、富有创造力，还特别会说话，仿佛是《白宫风云》编剧笔下的人物。由于年少时退学，他从没上过大学。他通过阅读《奥格威谈广告》（*Ogilvy on Advertising*）和杰弗瑞·摩尔的《跨越鸿沟》（*Crossing the Chasm*）自学商业知识。20 世纪 90 年代中期，他在一家名叫 Vantive 的软件公司做高管，戴夫就是在那开始和克里斯托弗共事的。克里斯托弗那时是施恩（Scient）的 CMO。后来，在 20 世纪 90 年代末，我报道 Scient 时和克里斯托弗打过照面。Scient 是互联网时代的黑马，三年内雇员一度达到 2 000 人。它通过向企业提供如何在新生互联网上经营的咨询服务赚钱。Scient 在 2000 年登上了《福布斯》杂志封面。但没撑到 2001 年年末，Scient 就倒闭了，成了互联网泡沫破灭的直接牺牲品。如果你创立了一家咨询公司，而你的客户都倒闭了——你的咨询服务自然就没人信了。

在 Scient 倒闭之后，克里斯托弗与戴夫搭档，做了一段时间的定位咨询顾问。2001 年，他们的一个业务是为阿尔解决如何重新定位 Macromedia 产品的问题——这时，三人再次聚首。克里斯托弗在水星互动（Mercury Interactive，一家世界领先的企业测试和性能管理解决方案供应商）还有一段重要的当 CMO 的经历。他和戴夫对水星互动重新定位，为其在 2006 年被惠普以 45 亿美元收购打下了基础。他加入水星互动时，公司估值仅为 10 亿美元左右。作为 CMO，克里斯托弗希望由他知道的最有才华的人负责水星互动的传播业务，而那个人就是戴夫。

我和戴夫以前从未有过交集，但是现在我要说，他是我见过的人当中最善于识人的。他也许会说，那是从小在爱荷华因为种族原因被欺负，为了自我保护而锻炼出来的能力。戴夫比欺负他的人聪明，他既没有用拳头回击也没有屈服，而是用语言打败了他们。他大学一开始学的是心理学专业，后来转到了公共关系专业，据说是因为那里的女生多。25 岁时，戴夫搬到硅谷，为一个广告代理商工作。Vantive 是这家代理商的客户之一，而恰逢克里斯托弗在 Vantive 负责营销工作。很快，克里斯托弗终止了与代理商的合作，把戴夫挖到 Vantive，从此两人形影不离。

作为 Givemetalk 的联合创始人，戴夫走过一段弯路。他以为通过创造他所谓的"互联网脱口秀广播"的新品类能赚大钱。结果，那成为戴夫失败的教训。直到今天，几乎没有人听过 Givemetalk！事实上，戴夫和他的联合创始人太超前了，后来这个领域发展成了所谓的播客。在那之后，戴夫和克里斯托弗一起加入了水星互动，那段经历让戴夫成为一个有价值的人。他学到了克里斯托弗的营销技术，博得了善于识人和执行力强的好名声（或者，用我们的技术术语说，戴夫总能"搞定一切"），企业需要这样的人。后来有段时间，他在另一家软件公司 Coverity 负责营销工作。

到 2006 年，阿尔和克里斯托弗退休了，而戴夫还在 Coverity。阿尔和克里斯托弗在塔霍湖（Lake Tahoe）都有房子，他们在滑雪道那里又见面了。此时他们每个人都为企业做一点咨询，经常参加一些董事会，于是他们都试着规划下一步该做点什么。阿尔这样对我说："一天，克里斯托弗和我坐在吊椅上，我说'为什么我们要分开做咨询工作？这很傻！你有这个技能，我有那个技能，我们真的应该考虑一起做这件事'。"于是，阿尔和克里斯托弗联手。很快，戴夫离开 Coverity，也加入了他们。他们发现三个人一起做事的能力比各自为战要强 10 倍。他们有点像"复仇者联盟"，有互为补充的超能力：克里斯托弗负责创新，阿尔负责分析，戴夫则负责"搞定一切"。

于是，他们要给咨询公司取个名字。虽然我没能参与这件事，但是由于我非常了解他们，所以我完全能想象出事情是怎么发展的。取名的时候一定少不了波本威士忌、IPA 啤酒（India Pale Ale，印度淡啤酒）和脑洞大开的讨论。"Bad Tuna"（坏金枪鱼）一度成为最佳选项，但最终，还是理智占了上风，他们选定了"Play Bigger"（成为独角兽）。这个名字完美地诠释了公司的理念。

2013 年的一个晚上，我和阿尔、戴夫约在旧金山一家餐厅吃饭。那是我们第一次谈到写书。很快，我和他们再次见面，讨论书的细节，这次克里斯托弗也在。我从 20 世纪 80 年代开始就写技术工业类的文章，他们关于一家创业公司为什么能大获成功的原因分析既新鲜又有趣，着实打动了我。同时，他们在顶级公司的工作经历，使他们把品类王和品类设计背后的概念、理念和"闪电战"这类战术成功整合了起来。这是 Play Bigger 向客户提供的宝贵指导。他们不希望我只是单纯地记录他们已知的信息，而是帮他们进一步理顺逻辑，通过新闻和数据分析深化他们的见解。

在这点上，Play Bigger 赢得了"真正帮企业创造财富的顾问和教练"的口碑。我和硅谷企业界的传奇品牌设计师佩吉·伯克（Peggy Burke，她的公司设计了思科（Cisco）标志性的桥形商标——我们的书中有提到）交谈过。她告诉我："我再怎么夸赞这些家伙也不为过。他们是营销界的马里奥·安德雷蒂（Mario Andretti，美国最出色的赛车手之一），是帮助公司从 0 到 100 的马里奥·安德雷蒂，是可以用他们的方法改进一切的马里奥·安德雷蒂。"

对我来说，重点是他们为什么想创作这本书。如前所述，他们不是为了扩大业务，所以这本书不是宣传工具。事实上，他们认为，他们能为创业者、投资人和高管，甚至只是追求职业发展的普通人，做点儿贡献。克里斯托弗无数次提到《奥格威谈广告》和《跨越鸿沟》，总说要是大卫·奥格威和杰弗瑞·摩尔没有写那些书的话，他就不会有今天。他和其他人真心希望这本书能对后人有用。

因此，我入伙了。我们花了几百个小时进行头脑风暴，多半时间泡在圣·克鲁兹（遗憾的是，我还不是一个真正的冲浪玩家）。我们聚在一起，分析数据，寻找品类王的特征，然后研究了大量案例，采访了若干创始人、CEO（首席执行官）和风投专家，揭示品类王和品类设计是如何发挥作用的。

种种迹象表明，我很快融入了 Play Bigger 的氛围。我在纽约州的宾厄姆顿（Binghamton）长大，9岁的时候父亲去世了。后来，艰难的生活塑造了我。成年后，我一直在为图书、报纸、杂志和电视媒体撰写技术工业类的文章。相对于成为硅谷人，我更喜欢观察硅谷。作为在美国北部偏远地区长大的孩子，我从没停止打曲棍球。阿尔、克里斯托弗和戴夫能在冲浪上打败我，但要是把我们放在冰上，我相信他们会跪地求饶。

总之，这就是称这本书为合奏的原因。

Play Bigger 已经有了领唱（克里斯托弗）、贝斯手（阿尔）和鼓手（戴夫），我则带上了自己的吉他，毫不犹豫地加入了他们。缺了我们其中任何人，都不会有这张专辑，这本书是一次真正的合作。总之，请把一切看成我们的集体成果。

好了，闲言少叙，在接下来的时间里，愿你能享受我们的合奏。

凯文·梅尼

纽约

第一部分

品类王经济

第 1 章

创新制胜

经典问题

脸书（Facebook）、谷歌（Google）、Salesforce（一家客户关系管理软件服务提供商）、优步（Uber）、威睿（VMware）、Netflix（一家在线影片租赁提供商）、宜家（IKEA）、Birds Eye（世界冷冻食品巨头）、5-hour Energy（一家饮料公司）和皮克斯（Pixar，专门制作电脑动画的公司），这些全球知名企业的共性是什么？

苹果公司（Apple）和具有 165 年历史的康宁（Corning，全球玻璃领导厂商）之间有什么共性？

当微软在 Zune（便携媒体播放设备）、微软移动操作系统、必应浏览器和微软商店上赔了数十亿美元的时候，微软不断重复的低级错误是什么？

为什么有些创业公司能发展壮大，而有些只是昙花一现？

为什么ELVIS（一家电子安全产品制造商）不仅是行业巨头，还是品类王（category king）？

从这些问题的答案中，我们能找到企业长青的密码吗？

发现、发展和主宰提供新产品和新服务的新品类，是解答上述问题的关键。

读下去，你会找到答案。

品类王与品类的真实故事

我们身边到处是品类王。它们要么创造了全新的商业品类，要么创造了全新的商业模式。在本书中，我们研究了众多品类王，分析了它们的数据，采访了它们的创始人。这些企业影响我们的生活、改写历史。如我们所说，它们比其他企业更重要。

品类王并不是新事物。20世纪20年代之前，世界上并没有"冷冻食品"。克拉伦斯·伯宰发明了"冷冻食品"，并以自己的名字命名公司。和古往今来的许多行业缔造者一样，伯宰是个门外汉。1886年，伯宰在纽约的布鲁克林出生。他家在纽约州东南部的长岛有一座农场，他在那里生活了很久，并爱上了动物标本剥制术（那个年代爱好这个的孩子不多）。这让他后来成了政府部门的博物学家。因为这份工作，他最终去了加拿大东北角的拉布拉多。在那里，他看到因纽特人捕鱼后把鱼扔到冰上，让鱼瞬间冻住，以锁住鲜味。伯宰回到美国之后，他尝试用干冰块冻鱼，又发现蔬菜也可以冷冻。于是，他创建了一家制作和销售冷冻食品的公司，最初叫 General Seafoods（意为"海鲜汇"）。

当伯宰建立公司之后，他发现需要自行设计和创造"速冻食品"这个品类。因为市场上没有现成的产业链能将冷冻食品从工厂流转到消费者手里。市场上没有冷冻食品，因为消费者根本不知道自己有这个需要。于是，他为铁路发明了冷冻车，向铁路运营商兜售自己的理念；他为食品商发明了冰柜，告诉他们食品销量会提高；他还说服杜邦发明玻璃纸。他把速冻蔬菜定位成和罐头食品不同的产品，并投放广告大力宣传。当时 Birds Eye 旗下的《生活》（*Life*）杂志刊登了一则广告：一个珠光宝气的女人背靠靠枕吃着 Birds Eye 牌菠菜。这则广告传递的信息是，只有平民才能忍受罐头菠菜，冷冻食品不仅比罐头食品好，而且与罐头食品完全不同。伯宰的投入在 20 多年之后才收回，但建设和主导一个品类需要时间——而且那时需要的时间远比现在多。当然，近一个世纪之后，Birds Eye 仍然是冷冻行业的巨头。[1]

优步创始人和克拉伦斯·伯宰之间的共性比你能想到的多。

优步是这几年新出现的品类王。就在几年前，我们还面临着一个老大难问题：在众多城市，出租车服务很糟糕。走上街头打车时，你不知道要等多久，甚至不知道能不能等到。但是，似乎也没有别的方法能帮你立即打到车，所以我们也习以为常。然而，我们没有意识到，随着科技的发展，新的解决方案呼之欲出。

2008年冬天的一个晚上，巴黎下着大雪，来这里参加欧洲技术大会的特拉维斯·卡兰尼克（Travis Kalanick）和加勒特·坎普（Garrett Camp）站在路边打不到出租车，他们渐渐被雪淋湿，越来越冷。卡兰尼克和坎普都是非常成功的科技企业家：卡兰尼克创建了Red Swoosh（一家在线内容传输公司），被阿卡迈公司以2 000万美元收购；坎普更成功，他创建的Stumblez Upon（一种社交化网页推荐引擎）以7 500万美元卖给了易趣[2]。当时他们正在寻找新的创业方向，也计划一起做。当他们在巴黎街头挨冻受挫的时候，他们想到了如何解决打车难的问题。当时苹果手机问世不到一年，但它已经改变了人们思考移动技术和服务的思路。卡兰尼克和坎普想，为什么人们不能掏出手机、一键打车呢？

回旧金山时，他们又遇到了打车难的问题。在那个小镇打车的难度，和在拥挤的夜店引起酒保注意差不多。因此，2010年夏天，他们在旧金山推出了打车软件服务。像现在上千万用户知道的那样，通过一款手机应用软件，乘客就能向司机一键下单，并显示自己的位置。司机——不是出租车司机，而是私家车司机——有司机版打车软件客户端，能看到派单信息，并选择接单。软件系统会保存用户的信用卡信息。这样，付款对司机和用户来说都是便捷、安全的。卡兰尼克和坎普最初给这个服务取名"优步出租"（Uber cab），后来只保留了"优步"（Uber）。

仅仅半年后，许多投资人就上赶着给优步送钱：标杆资本（Benchmark Capital）给优步投资了 1 000 万美元；说唱巨星 Jay-Z 和亚马逊创始人杰夫·贝佐斯等名人也投资了优步。优步从旧金山逐渐向其他城市扩张。随着业务的发展，优步做了一些至关重要的事：通过公司结构和服务设计、宣传和与出租车公司对抗，它让人们意识到打车难的问题存在已久——如今优步找到了新的解决方案。每次出租车行业试图阻止优步，都反而会让更多的人知道优步。在伦敦，出租车司机通过罢工来抗议优步。每当这时乘客无法打车时，他们便注册优步，以罢工前 8 倍的价格叫车。在完善服务、发展壮大的同时，优步定义了行业新问题，给公众留下了深刻的印象。

几年后，优步的 CEO 兼形象代言人卡兰尼克意识到，他可以让优步解决一个更大的问题。所有的私人运输方式都是昂贵、污染环境的，尤其是在城市里。同时，车太多引发严重的交通拥堵和空气污染。这些都是尚未解决的城市问题。不过，卡兰尼克提出：如果更少的车能服务更多的人呢？如果优步的服务全面、可靠、廉价，让使用优步优于拥有私家车呢？他对来访者说，"希望运输变得和自来水一样便捷、可靠"。顺便说一下，运输的对象不局限于人——可以是任何东西。当优步在设计自己的服务和公司结构时，它也在创造和主导一个更大的行业。[3]

2014 年，投资者对优步的估值似乎高到了离谱的地步。2014 年 6 月，优步的估值是 170 亿美元。到 2014 年 12 月，这个数字变成了 400 亿美元。6 个月之后，优步的估值超过 500 亿美元。如果你只看优步当时的业务情况，一定会觉得那些投资者疯了。但是，如果你着眼于优步准备解决的巨大问题，就会发现，从长期来看，400 亿或 500 亿美元的估值似乎还低了。优步在创造一个前所未有的行业，同时让人们知道——优步特别了解现存的交通问题，可以提供优质的解决方案。几年前，打车软件市场并不存在，是优步创造了它，并成为行业领军企业。投资者看中的是，这个新行业的潜力和优步在未来长期具有的竞争优势。2015 年，优步仍然是私企。这意味着，尽管名声在外，5 岁的优步还在新行业开疆拓土。我们的研究数据显示，智能类公司往往在行业起飞阶段上市——通常是公司成立 6~10 年后。

在 21 世纪，新的品类王以前所未有的速度涌现。Sensity Systems（美国智能路灯网络商）仅是其中一例。它最初是一家生产 LED 灯的小公司，由连续创业家（Serialentrepreneur）休·马丁（Hugh Martin）接管后，才走上了创建新行业的道路。此前，马丁是照明行业的门外汉，他经营过生物科技公司、通信公司和视频游戏公司，但从没经营过灯饰公司，后来他发现了 LED 灯领域的一个好机会。LED 灯是 5 伏的，这和电脑、网络设备及电子传感器一样。这意味着，理论上，LED 灯能实现灯具数字化，从而颠覆照明行业，就像数字化颠覆音乐和摄影行业那样。实际上，光可以内嵌携带空气质量、移动、声音或天气信息的传感器。既然光可以通过无线网传播，那么 LED 灯也可以通过网络化分享信息或收集海量数据。这样，光网络不仅能追踪停车场里车的数量，还能帮助警察探测枪声，精度远比当时所能达到的水平高。顺着这个思路，马丁构想了一个全球互联的光网络。

我们乐于和马丁一起定义和构建他设想的新品类——这个过程我们称之为"品类设计"。马丁和他的团队将这个品类命名为光感网络（Light Sensory Network，LSN）。他一边发展公司，一边宣传这个新品类。他希望潜在的用户先了解光感网络能够解决哪些问题。如果他们希望解决此类问题，他们会给谁打电话？当然是定义问题和给自己贴上同义标签的 Sensity Systems。如果没有这种做法，Sensity Systems 不过是众多智能照明公司的普通一员。但是，现在它成了光感网络品类的领军企业。[4] 虽然通用电气、飞利浦、三星和 LG 这样的跨国巨头进入了 LED 灯和传感器行业，但是，2015 年与通用电气和思科成为合作伙伴的 Sensity Systems，并不打算通过生产更好的 LED 灯击败竞争对手，而是通过光感网络胜出。如果 Sensity Systems 的计划能顺利进行，它将成为光感网络行业长青的巨头。

这同样需要时间，也许是 10 年。没人能保证这个策略一定会取得成功。因为涉及诸多因素，许多是马丁和 Sensity Systems 无法控制的。不过，由于做着设计和开拓新品类的奠基性工作，Sensity Systems 胜算的概率更高。

品类王的定义

创造新品类的企业最能打动人心。它们带给我们全新的生活、思考和经营模式，大多数时候解决的是我们尚未发现的问题——或不重视的问题，因为我们从未想过还有别的办法。在优步出现之前，我们打车得站在路边伸出一只胳膊示意，这相当危险。有了优步之后，过去的那种打车方式就显得有点儿傻了。

品类王不只是发明点什么再卖给消费者，它们制造的产品或提供的服务不只是对现有商品或服务的逐步改进。最打动人心的企业卖的不是"更好"，而是"不同"。它们给世界带来新的产品或服务品类——如克拉伦斯·伯宰的冷冻食品，或是优步的按需运输。通过一种全新的视角，它们改变了我们对世界的现有看法，它们让之前的做法显得过时、笨拙、低效、昂贵或麻烦。

我们听到很多有关"颠覆"的故事。在技术行业，"颠覆"是个神圣的词。一听到别人说起这个词，你就该顶礼膜拜。但是，破坏不是目的，它只是副产品。传奇性企业无一不创造了具有强大市场号召力的新品类。消费者拥抱新品类，是因为新品类对他们有价值。有时候，人们抛弃一个旧品类会导致该品类的衰败。在这种情况下，新品类的确颠覆了旧品类。但是，对于地球上最聪明的海盗、梦想家和创造者来说，颠覆从来不是目的，创造才是。猫王无意颠覆爵士，他只是创造了摇滚——源自他内心的音乐；摇滚并不是比爵士好，而只是与爵士不同。然而，随着时间的推移，由于年轻听众喜欢摇滚，他们抛弃了大乐队爵士和低吟浅唱的爵士歌手。颠覆爵士乐只是猫王创造摇滚乐的副产品。

有时候，急速发展的新品类并不具有颠覆性。爱彼迎（Airbnb）创造了按需预定民宿的新模式，但包括它的 CEO 布雷恩·切斯基（Brain Chesky）在内，目前没有人敢说它将引发酒店业的崩溃。

我们所说的品类王是创造、发展和主宰新品类的企业。但是，品类王并不一定是最先提出创意或获得专利的企业。企业单凭制造一个炫酷产品是无法成为品类王的。品类王需要同时设计伟大的产品、公司和品类。品类王有意识地定义和发展自己的品类，将自己打造成长期主宰该品类的企业。

有时，技术行业会陷入对创业公司估值飙升的大肆宣传。但是，和颠覆一样，估值只是结果，并不是目的。10 亿美元的企业估值不大可能是一个品类王的追求。无论经济大环境是好是坏，对于一个正在创造、发展和主宰新品类的品类王来说，10 亿美元的估值通常是偏低的。

通过发掘蕴含巨大潜力（我们称之为品类潜力）的新品类、主宰整个品类的发展，久而久之，品类王创造出巨大价值，实现爆炸性增长和可持续发展，例如：亚马逊、Salesforce、脸书和谷歌。数据显示，品类王通常获得所属品类 70%~80% 的利润和市值。我们对美国风险资本（投资了 2000—2015 年成立的技术创业公司）的科学数据分析表明，品类王获得所属品类 76% 的市值。由于品类王成为所属品类的象征，它们通常跻身最著名品牌之列，如施乐（Xerox）、谷歌和宜家。品类王定义了它正在解决的问题，因此它在品类中的地位几乎是不可撼动的。消费者对它特别忠诚。这就是为什么微软投资 10 亿美元打造必应浏览器，却无法侵蚀谷歌在搜索引擎领域的市场份额。如果不是品类王自己出错，任何试图动摇它地位的努力都是徒劳的。[5]

本书研究的是成为品类王的战略。采取这样的战略不能确保你成为品类王，但是能帮你提高成功的概率。我们认为，与其他方法相比，这种方法至少会让你做得更好。与我们将要说明的一样：在经济繁荣时，品类王战略是重要的、有效的。也许，在经济衰退重创竞争对手时，品类王战略更重要。一些伟大的品类王正是在经济最糟糕的时候崛起的：谷歌崛起于互联网泡沫刚刚破灭的 2000 年早期，爱彼迎崛起于 2008 年金融危机发生时，伯宰崛起于大萧条时期。[6]

品类王通常是最受媒体、投资人和公众关注的企业。脸书定义和发展了基于现实生活的新型社交网络。后面我们会分析，与传统的社交网络相比，它为什么是不同的而不是更好的。Netflix 以创造邮寄 DVD 起家（与百视达不同），后来创造了流媒体电影品类；Pixar 定义了电脑制作电影品类；在面向消费者的市场上，爱彼迎、特斯拉（Tesla）、Snapchat（一款可"阅后即焚"的照片分享应用）和推特（Twitter）是新晋品类王。企业技术领域也有许多品类王：Salesforce 创造了基于云的销售自动化品类；威睿创造并主宰了计算机可视化品类；在商业服务领域，Workday（知名软件供应商）、NetSuite（一家企业管理软件应用程序制造商）和 Slack（一家服务企业用户的商务社交平台）都是新晋的品类王。

　　大多数品类王是品类创始人千载难逢的成就。极少人能成为品类王创造大师，乔布斯算是一位，尤其是在他第二次掌舵苹果公司期间。他主导了三大重要行业的创造：数字音乐（通过 iPod 和 iTunes）、智能手机（iPhone）和平板电脑（iPad）。埃隆·马斯克（Elon Musk）将特斯拉打造成电动汽车品类王的同时，还将 SpaceX（一家太空探索技术公司）打造成私人太空游行业的巨头，不可思议。杰夫·贝佐斯（Jeff Bezos）先将亚马逊打造成在线零售品类王，再通过 Kindle（一款电子书阅读器）成为相应的品类王，又通过云计算服务（AWS）成为相应的品类王。另一位不太知名但相当多产的品类王创造大师是西雅图企业家瑞奇·巴顿（Rich Barton），他创办了亿客行（Expedia，全球最大的在线旅游公司）、Zillow（一家房地产估值服务网站）和 Glassdoor（一家做企业点评与职位搜索的职场社区网站）。

　　如伯宰一例中所述，品类王并不是相关时代的技术产物。1983 年，克莱斯勒（Chrysler）推出小型货车时，它创造了私家车品类并主导了 30 年。鲍勃·皮特曼（Bob Pittman）的 MTV（音乐电视）和泰德·特纳（Ted Turner）的 CNN（美国有线电视新闻网）也曾经是品类王。1958 年，波音通过推出 707 创造了喷气式客机品类。有时，品类王甚至不是商业巨头，但是它们定义并改变了我们某种生活方式。彼得·德鲁克（Peter Drucker）是现代管理学之父，当然，正如我们之前提到的，猫王是摇滚乐之王。这些人不只是比前人更好，而是与前人不同。

最后，硅谷或美国不是品类王的唯一发源地。跨国品类王来自世界各地：全球独一无二的家具家居用品巨头宜家引领了价格亲民、美观时尚和自己动手组装家具的潮流，它源自瑞典小镇阿姆霍特；网络电话领域的品类王 Skype 来自爱沙尼亚；为软件开发团队提供协同技术支持的品类王 Atlassian（一家企业软件公司）来自澳大利亚。在一些领域，文化差异和国家边境为地区性品类王的出现提供了机会：阿里巴巴将自己定义为中国的亚马逊成为品类王；弗利普卡特（Flipkart，印度最大的电子商务零售商）在印度做了同样的事。它们没有定义或发展在线零售品类，但以一种不同的方式开发和支配了各自巨大的国内市场。

在本书中，我们研究的正是刚刚提到的这些品类王。我们将在后面的章节中对它们进行具体分析。

品类王经济

品类王拥有惊人的经济优势，以前所未有的速度和势头迅猛发展。这与易产生泡沫的投机行为无关，而是与加速发展的各种强大技术潮流有关。这些潮流改变了大多数精明的风险投资人投资的方式，转而影响了企业家创业的思路。当 CEO 琢磨新产品和未来发展方向时，当营销人员和工程师打造新产品时，品类王经济发挥着重要影响。甚至每一位正在规划职业生涯的人都应该知道品类王经济。

"投资超人"彼得·蒂尔（Peter Thiel）在其 2014 年出版的畅销书《从 0 到 1》中明确支持垄断企业，并表示他想投资的正是那类企业。"每个垄断企业都是独特的，但是它们通常具有以下特征：专有技术、网络效应、规模经济和品牌化。"正如你将看到的，他描述的正是品类王——垄断了一个品类所有经济的企业。蒂尔接着写道，"所有幸福的企业都是不同的：每家企业通过解决一个独特的问题成为垄断者。所有失败的企业都是相同的：它们未能避免竞争"。根据蒂尔的定义，品类王正是幸福的企业。[7]

多年来，硅谷传奇投资人迈克·梅普尔斯一直都在说要把钱投给"雷霆蜥蜴"（Thunder Lizard）——这是他对品类王的叫法。他在斯坦福大学课堂上对学生说，"雷霆蜥蜴是规则颠覆者，它将远超业内其他企业"。雷霆蜥蜴是稀有的。如果某一年内，有 1 万家创业公司获得天使投资，有 1 500 家获得 A 轮融资，其中 80 家可能表现不俗——但只有 12 家会成为雷霆蜥蜴。[8]

在硅谷，我们发现奉行品类王投资哲学的风险投资人越来越多。牛棚资本（Bullpen Capital）的保罗·马蒂诺（Paul Martino）

注意到，风投机构过去的策略是跟风：如果一家创业公司偶然发现并发展了一个热门新品类，那么硅谷的许多风投机构会认为品类中将出现多个赢家。因此，每家投资机构都会投资这一新兴品类的某家公司——任何一家公司！然而，在这个世纪，"某一市场会出现多个赢家"的思路应该被当成痴心妄想。如马蒂诺所言，现在显而易见，只有一家公司将胜出并主宰一个健康的品类王，其他公司或挣扎求生，或被收购，或倒闭。这意味着，一旦某家公司看似品类王，聪明的投资人就会排队送钱，抬高估值。投资人的这种共识是 2010 年以来新生品类王估值飙升的原因。另一方面，尽管跟风企业在早期能获得投资，但它们很快会发现难以从了解品类王的优质投资人那里获得后续投资。许多跟风企业是注定要失败的，只是时间早晚而已。[9] 供职于顶尖风投机构文洛克创投（Venrock）的布莱恩·罗伯茨（Bryan Roberts）试图尽早发现潜在的品类王。他告诉我们："品类王会试图强力开辟一个新领域，这通常意味着在早期具有极大的风险因素——某些多数人认为你难以克服的因素，或是你克服了却没有人在意的因素。"Snapchat 这样的公司或许属于后者。在早期，许多人怀疑，除了青少年谁会喜欢销毁自拍的服务。但是，只要某个品类王像 Snapchat 那样证明了该品类的价值，"人们从没有共识到达成共识的转变会非常快，但那时这家公司就会拥有难以超越的竞争优势"。在罗伯茨看来，品类王赢家通吃——如今赢得很快。[10] 同时，红杉资本（Sequoia）合伙人吉姆·戈茨（Jim Goetz）直接宣扬他的品类创造哲学：我们要找的是那些富有使命感，同时能创造伟大公司和伟大品类的创始人。

品类王的能量得到各种研究的证实。2011 年，剑桥集团负责人艾迪·尹（Eddie Yoon）在《哈佛商业评论》上发表了题为《创造品类是终极发展战略》（*Category Creating Is the Untimate Growth Strategy*）的文章。他的公司对 2010 年《财富》100 家增长最快企业排行榜的前 20 强进行了研究。这 20 家企业的市值增长速度从平均 1 美元增长至 3.4 美元。不过，艾迪·尹判定其中一半是品类创造者，它们的市值增长速度达到 1 美元增长至 5.6 美元。艾迪·尹写道，"华尔街用指数级增长的估值奖励这些品类创造者"。[11] 2014 年，咨询业巨头麦肯锡发表了一篇题为《迅速增长或缓慢死亡》（*Grow Fast or Die Slow*）的文章。麦肯锡对 1980—2012 年的 3 000 家软件和在线企业进行了分析，将其中一小部分卓越的企业归为"超速增长企业"（Supergrowers）。这类企业与我们定义的品类王有很多相似之处。麦肯锡指出，企业创建后疯狂的高速增长预示着长久的成功。品类王一旦确定就难以被取代。

既然品类王一直是商业格局的一部分，为什么现在它们的发展势头如此迅猛？

无处不在的网络、廉价的云计算分配和社交媒体上闪电般的口碑传播，无一不强化了赢者通吃的局面——尤其是当我们谈论数字产品和服务时。请记住，1999 年全世界互联网用户约为 4 亿。

2015 年，这个数字已经飙升到 30 亿。到 2020 年，这个数字将接近 40 亿，而智能手机用户将达到 60 亿。在从未进行数字化的行业（出租、酒店、医药）迅速数字化的同时，数百亿事物正在触网，如：汽车、灯、工业传感器、恒温器和狗项圈等。这一物联网将把几乎所有事物都变成全球网络的一部分。由于任何人都能通过网络从任何地方买到任何品类中的最佳产品或服务，所以大多数人会选择品类第一名，忽略第二名或第三名。这正是十多年来学者们常说的"长尾理论"的阴暗面：在任何产品或服务品类中，一家企业成为巨头，其他企业则在经营困难的长尾中被淹没。品类王毫不含糊地摇动着第二级长尾。

一旦某家企业获得了品类王的地位，利益的飞轮便拉开了它和其他企业的差距。比如，品类王不断获取最佳数据。在今天的世界，数据就是一切。通过平台上的所有交易数据，亚马逊获得了洞见用户、库存和价格等一切事物的宝贵能力。优步上的每一次用车，Netflix 上的每一部电影选择，Salesforce 上的每一条记录，都具有这样的价值。随着品类王积累的数据不断增多，数据本身成为竞争优势——成为其他竞争者难以跨越的鸿沟。此外，最优秀的员工愿意为品类王工作，最卓越的合作伙伴愿意与品类王签约，外部开发者愿意为品类王工作，顶级投资人愿意为品类王投资，顶级投资银行家愿意为品类王运作 IPO（首次公开募股）……由于品类王具有遥遥领先的经济优势，它拥有进行收购的必要资金，从而进一步巩固领先地位。品类王的经济能力就在于它能不断地发展。

2014 年年末，加拿大投资银行集团（Canaccord Genuity）技术行业分析师迈克尔·沃克利（Michael Walkley）研究了智能手机市场的利润情况，发现苹果公司拿下了全行业 93% 的利润。[12]想象一下，在世界所有的智能手机制造商中，一家企业——品类王——几乎垄断了全部利润。不论你喜不喜欢，商业领域的中产阶级越来越少了。财富都集中在品类王手中，排在第二位的品类王子——如来福车（Lyft）或三星也许能分得一定的收入，但其他企业只能在品类王的阴影下苟延残喘。

在 21 世纪初，媒体对技术创业公司估值暴涨着迷。有些估值高可能是金融市场的大环境所致，必然会随形势而改变。但是，大环境和繁荣景象是技术和经济上的基础性变革造就的。品类王则起到了助推的作用。仔细观察，你就会发现，估值最高的那些创业公司几乎都是现有的或新兴的品类王。

经过数据分析，我们捕捉到了决定品类王和其他企业拉开差距的瞬间。我们分析了上千家技术创业公司的估值数据，发现成立于 2009—2014 年的成功企业获得的估值比成立于 21 世纪初的企业高三倍。换句话说，短短 10 年间，高速增长的技术创业公司的增值率接近三倍。但是，与 20 世纪 90 年代末的技术繁荣期不同，涨潮加速了快艇的前进却打翻了小船：非品类王企业一直在挣扎求生。[13]我们的数据科学研究表明，一家创业公司，如果成立了 6 年还没成为品类王，基本上就没有机会了。

　　简而言之，品类王鸿沟即：2015 年年末，优步的估值高达 510 亿美元，而紧随其后的来福车估值仅 20 亿美元，相差 25 倍！该品类中其他企业的估值可以忽略不计。优步能否长期维持极高的实际值？这很难说。但是，我们关注的是相对值——优步的估值比来福车高 25 倍。投资人看好私人定制交通品类的发展前景，而且发现一家企业——品类王优步——占据了大部分市场份额。

　　我们开始写这本书时，技术行业泡沫初现。我们不确定当你读到这本书时，技术繁荣是否已经步入下行期。但是，我们相信，书中的动力学和战略经得住时间的考验。在繁荣时期，为了超过和击败其他可能获得投资的竞争对手，企业要像品类王一样思考。在艰难时期，资金紧俏，品类王可能是所属品类中唯一的幸存者。总而言之，下行期是品类王甩开缺乏资金的对手并提高竞争力的绝佳机会。

　　总之，与守株待兔相比，任何时期——上行期、下行期或平稳期——都是提高竞争力的好机会。与其靠运气，不如像品类王一样思考。这才是你提高成功概率的好办法，也正是我们所说的"做大"。

品类设计概述

　　如果你喜欢玩扑克，你一定听说过格雷格·雷默（Greg Raymer）。他在美国中西部长大，获得明尼苏达大学的生物化学学位。1992 年从明尼苏达大学法学院毕业后，他在辉瑞制药做专利代理人。他在大学时经常玩扑克——"当时我们都很无聊"，他回忆说。后来，在芝加哥工作时，他觉得是时候提高牌技了。于是，他阅读有关扑克的书，开始参加比赛，在实践中提高牌技。2004 年，他赢了世界扑克大赛，获得 500 万美元奖金。在下一届的世界扑克大赛上，他的表现令人难以置信：在扑克这种看上去运气成分很大的比赛中，又取得一流成绩，获得 30 万美元奖金。到 2013 年他通过打牌共获得 740 多万美元。呃，然后他辞职了。

在一个具有诸多不可控因素的比赛中，如何增加参赛人的胜算？我们就此和雷默进行了交流。（说真的，我们也不想总跟技术人士交谈。）他告诉我们："许多人对运气和技术的理解不恰当。"他解释说，大多数人把运气和努力获得的技术看成零和关系——将运气和技术放在一条线的两端。这意味着，面对一个结果，如果你说 40% 靠运气，那 60% 必定是靠技术；如果说 90% 靠运气，那 10% 必然是靠技术。但雷默强调，运气和技术"不在同一条轴线上"。这改变了一切。[14]

雷默自然以扑克为例。你拿到什么牌很大程度上靠运气，但是怎样打牌、下注和表现则有很多技巧可循。从运气的角度讲，概率对桌上的每一个人都是一样的。在任何给定的情况下，你都有可能手气非常差，赢的概率很小。但是，深谙牌技的人会不断提高胜算。如果概率对每个人都是一样的，那么运用更多的技巧能优化你出牌的选择，最终提高你的胜算。"无论你在做什么，你必须明白运气的成分占多少，然后忽略它，"雷默说，"然后你必须说出，'我能做的最明智的决定是什么'。然后忽略短期的结果，因为那并不重要。"雷默连续的成功表明，即便是在扑克这种高维混沌游戏中，好结果也不是偶然出现的。

经营企业，同理。

在商界，对于每家企业来说，成为品类王的机会都是一样的。一家企业也许每件事都做对了，却成为外部不可控力的受害者。早在20世纪90年代末，还没有构思这本书时，我们对此就有所体会，有时很痛苦。阿尔在Quokka Sports创造了很好的数字仿真运动（digital immersive sports）新品类，但是由于技术和宽带网络发展跟不上他的速度，公司倒闭了。克里斯托弗在施恩有过相似的遭遇。他致力于打造电子商务咨询领域的品类王，却因为互联网对其客户的冲击而失败。

在一个赢者通吃的时代，如果成为品类王值得追求，你为什么不竭尽所能增加胜算呢？如果每家企业的机会相同，那么你的企业就要做出决定，实施让你脱颖而出、击败对手的最佳战略。偶然崛起的品类王也许完全靠运气。但是，多数品类王的出现并非偶然。许多企业刚开始靠运气，在对的时间解决了一个看似微不足道却蕴藏巨大商机的问题。但是，通过做出明智的决定、实施有决心的计划，这些企业发展并主宰了新品类。

商业发展正步入"新概念时代"，我们称之为"品类设计"。它的出现与19世纪80年代"产品设计"概念的出现相似。当时，为了确保单个产品取得最佳甚至出乎意料的成功，设计师纷纷拥抱"产品设计"。在 21 世纪初期，企业纷纷采用"体验设计"——一种源于"产品设计"的原则，以确保硬件、软件和实用性的结合为用户带来最佳体验。在竞争激烈的市场上，"体验设计"是企业增加胜算的另一种方式。"品类设计"涉及同时创造一款伟大的产品（包括体验）、一家伟大的企业和一个伟大的品类。这种综合性、根本性的概念对企业及其领导层有深远影响。

过去，在 Macromedia 和水星互动等自己的企业，我们作为总经理实施了"品类设计"规则。得益于我们的品类设计思维，Macromedia 和水星互动分别以 35 亿美元和 45 亿美元的价格出售。我们还研究和分析了身边的品类王活动，尤其是硅谷系的。最近，作为顾问和教练，我们帮助一组背景各异的企业进行品类设计——在每个案例中，我们的目标都是增加企业获得重大、长期影响力的机会。在本书中，我们的目标是教你提高创造伟大企业的概率。

糟糕的品类设计：教训

同样，我们也会告诉你，什么不是品类设计。比如，Jawbone（一家开发可穿戴设备的世界知名科技公司）的做法就不是品类设计。在企业发展的前 16 年中，Jawbone 做出了三次炫酷的创新，创造了全新的品类。这令人印象深刻，没多少创业公司能做到。可惜，Jawbone 失去了三次发展和主宰自创品类的机会，也没有多少创业公司能做到。

与许多硅谷创业公司一样，Jawbone 诞生于斯坦福大学。一个名叫亚历山大·阿塞利（Alexander Asseily）的学生，在其毕业论文中，设计了与耳机孔无线连接的可穿戴耳机，后来，这变成一家公司的商业计划。这家公司最初叫 AliphCom，后来改叫 Jawbone。虽然研发可穿戴设备从未成功，但 AliphCom 却因此研发出一种耳机技术。运用这种技术，能在降低背景噪音的同时，清晰地捕捉到用户的声音。这为 AliphCom 拿下了国防部门的合同。在产品开发经历了几次失败之后，2007 年一款突破性的设备问世了：一款能通过蓝牙与手机无线连接的小耳机，同时可以降低背景噪音。这款名为 Jawbone 的产品问世时，恰逢各州通过法律，要求开车时必须用免提接听手机。品类创造的所有条件都具备了。在恰当的时间解决明确的问题，Jawbone 正是这种能设置议程的解决方案，投资圈深谙其道。随着 Jawbone 设备的销量飙升，顶级风险投资家排队给它送钱。Jawbone 上市指日可待。然而，Jawbone 并没有巩固自己的地位。它没有系统地开发优质免提电话品类，没有挖掘大众对这一解决方案的需求，没有因为提供领先的解决方案获得充分的关注和信任。随着竞争对手推出同类产品，Jawbone 对大众来说，不过是另一款无线耳机。换句话说，在 2009 年，如果有人想买一款无线耳机，他的第一反应可能不是买 Jawbone 耳机。很可能，他会这样想："我要去易趣上货比三家，再决定买哪一款。"如果消费者是这样做的，那么这个品类就没有王者。回想起来，Jawbone 曾经有机会同时创造出伟大的产品、企业和品类，但是它没有，说到底是因为它缺乏品类设计。到 2009 年，Jawbone 的销售一路下滑，上市计划也被搁置了。

以上是 Jawbone 失去的第一次品类创造机会。

2010 年，Jawbone（那时已成为企业的名字）推出了 Jambox，一款能定义品类的蓝牙音箱。《财富》杂志甚至说 Jambox "正在创造一个全新的消费品类"。然而，Jawbone 还是将品类设计搁置一旁。Bose 和罗技（Logitech）等其他公司迅速复制了 Jambox 的外形和功能，在市场上推出很多同类产品。到 2015 年，Jambox 在蓝牙音箱市场的份额仅占 5%。[15]

最后，Jawbone 拟通过推出名叫 UP3 的设备创造可穿戴"健康追踪器"品类。这次，新产品没有如期发布，而另一家创业公司——Fitbit——半路杀出，抢占了这个品类。2015 年，Fitbit 成为可穿戴健康追踪器品类的王者，占据了该品类在北美 68% 的市场份额。Fitbit 品牌成为该品类的代名词，这是 Jawbone 耳机、Jambox 音箱和 UP3 手环不曾做到的。像 Jawbone 这样善于创新的公司，本可以成为下一个亚马逊或苹果公司。然而，它没能兑现业绩承诺。我们认为，尽管这家公司几度在创新产品上获得成功，但在品类设计上输了。

还有哪些不是成功的品类设计？我们能举出更多的例子来。

品类设计与"先发优势"无关。自 20 世纪 90 年代起，"先发优势"成为硅谷常见的忽悠用语。做第一个发明产品的人非常重要，但如果你不去定义和发展相关品类，就无法成为品类王。Jawbone就是个例子，我们还能举出上百个例子：苹果公司并没有创造任何它主宰的品类，脸书不是第一个社交网站，第一辆电动汽车不是特斯拉制造的——但是，它们都做到了与众不同，打造出一个受到消费者狂热追捧的品类。人们感谢第一个发明产品的人，却会追捧首先定义和发展品类的品类王。

品类设计不只是制造。太多硅谷人认为，创造伟大的产品就足够了，然后市场会发现它、追捧它。这种错误的想法甚至影响了一些最优秀、最聪明的人。事实上，定义品类的并不一定是最佳产品，而是与众不同的产品。最佳产品只能让你在科技创新（Techcrunch）大会上获奖，成功的品类设计才能制胜。

品类设计不只是市场营销。品类设计是公司的整体战略。它涉及CEO和最高管理层，还涉及产品设计、制造、销售、营销、公关和合作伙伴——也常常涉及消费者和用户。我们听到有的CEO反复说："我们制造垃圾，销售垃圾，其他都是废话。"好吧，祝他们好运！当你在制造、销售垃圾产品的时候，别人会定义你的品类并把它从你手中偷走。

品类设计不只是定位或品牌推广。在20世纪70年代，艾·里斯（Al Ries）和杰克·特劳特（Jack Trout）联合创作了《定位》（*Positioning*）一书，[16] 我们非常尊重这部经典著作。他们的定位思想是20世纪后期的重要规则。但是，在以移动、社交和云为特征的 21 世纪，商业动力变了，定位只是品类设计的一部分。至于品牌推广，我们把品牌代理公司称为"刺青工作室"。如果你不想醒来时脸上有麦克·泰森（Mike Tyson）的刺青，就不要让别人给你文身。品牌并不能成就品类王，但品类设计可以。

我们是如何写这本书的？

在本书中，我们分享了各自对品类战略的切身体会和预感。我们曾经做过公司高管，有些公司一度是品类王。我们一起向企业介绍品类设计背后的理念。在这个过程中，我们收获更多。

为了检验我们的理念，我们从分析数据着手，进而理解比赛和赛点。我们调用了上千家成立于 2000—2015 年的科技公司数据，包括上市公司和私人公司。通过对这些数据进行排序，我们希望发现估值和市场支配的趋势。由此，我们找到了创造、发展和主宰某种新产品或新服务的品类王。根据我们的计算，2000—2015 年共出现了 35 个超级品类王。其他品类王是 2015 年之后出现的。

一锁定这 35 个品类王，我们便展开研究、寻找规律。这样，我们能用现有品类王的特征和最佳实践来检验自己的理念。随着我们逐渐明白是什么成就了品类王，我们还分析了研究中没涉及的品类王——伯宰那种老国王或 Sensity 那种新兴国王——将它们的数据纳入我们的数据库中。我们还研究了追求品类王地位未遂或丧失品类王地位的公司。

随着共同特征的显现，我们将它们分门别类后，发现了一些原则。本书其余部分由这些原则组成。

弃读本书的 10 大理由

1. 你认为拥有最佳产品的公司会胜出。

2. 你认为同一品类市场中会出现多个赢家，认为水涨船高，令人愉悦的嬉皮士垃圾也能分一杯羹。

3. 你认为成为合格的公司就足够了。

4. 尽管已经以 80 英里①的时速走下坡路了，你的身体还是不敢贴近滑雪板。

5. 作为一名工程师，当面对一款二流产品时，你认为要做的是营销。

6. 作为一名经过正规训练的营销人员，你认为到达率和频次制胜。

7. 你认为激烈竞争是最佳的。

8. 你认为上市只是金融事务。

9. 你认为现在和将来自己都不会涉足技术行业，所以技术行业的动力学对你并不适用——但你要知道，出租车行业原来也是这么想的。

10. 你在 SAP（一家提供企业管理解决方案的公司）工作。[17]

①　1 英里 ≈1.609 公里。——编者注

第 2 章

品类是新战略

为什么是品类?

营销界经典著作简介:

20 世纪 70 年代,在电视时代的黄金期,两位营销大师联合创作了《定位》,讨论如何把一款产品做成现有市场上的明星产品。[1]

1991 年,由于微处理器带动电脑普及,《跨越鸿沟》一书问世,聚焦创新带来的营销问题——为现有市场开发新产品。[2]

1997 年,随着互联网时代的到来,《创新者的窘境》(*The Innovatoro's Dilemma*) 提出了颠覆性创新的概念——一款革命性产品是如何颠覆现有市场的。[3]

今天,具有强大变革性力量的是品类——为一款新产品创造一个新市场,这常常(不总是)由一家新公司完成。重要的信息、伟大的产品、重大的创新——光有这些元素已经不够了。现在，在创造伟大公司和伟大产品的同时，创造一个伟大、全新的市场类别至关重要。

脑科学和现代品类王的商业战略之间存在关联。让我们解释一下。

《定位》《跨越鸿沟》和《创新者的窘境》中的几种动力学并没有过时。如果说有什么变化，那就是这些动力正在以超高速发挥作用。《定位》差不多精巧地勾勒出20世纪70年代的市场格局。当时，"市场上商品泛滥，公司多如牛毛，营销陷入混战"。大多数电视机只有三个频道，墙上挂着旋转式拨号电话，"Google"的唯一方式就是去当地图书馆。

21世纪，市场格局发生了剧变：1998年成立的谷歌在2000年左右迈出成功的第一步；2004年成立的脸书为全世界带来了公共在线社交网络；2006年，亚马逊推出AWS率先进入公共云计算市场；2007年，苹果公司发布了智能手机——这些产品和服务为一个由移动设备、社交网络、云计算和大数据驱动的新时代奠定了基础。21世纪初，敏捷软件开发公司（Agile Software Development）火起来，提高了在门外获得新代码的能力。众筹和天使投资网等新的融资形式和其他创业加速器涌现，共同降低了新公司融资的难度。同时，创办技术公司（不考虑硅谷高昂的房租）所需的成本大大降低。在2000年，要把第一款商业上可行的产品投放市场，一家新公司需要在技术上花费100万美元。到 2005 年，这个成本降为 1 万美元左右。[4] 其间，新一代消费者——千禧一代（生于 20 世纪 80 年代之后的人）——进入市场。他们是数字时代的原住民，需要便宜、便捷和互联的产品与服务。到 2020 年，这一代人会占到劳动人口的一半，这将改变商业购买行为。

因此，创办一家公司，发布一款产品，比以往任何时候都轻松。这意味着，对于每一个常见的问题，瞬间都可能会冒出数百个解决方案。一夜之间，那些你叫不上名来、更记不住的商标突然出现——你可能分不清 Yik Yak（牦牛）、itBit（易比特）和 Nuzzel（蹭蹭）。选择之多让人几乎不能决定到底该买什么。潜在的消费者，无论他们是消费者还是企业买家，最终容易选择送上门的解决方案。对人们来说，思考自己想解决的问题，更加简单明了。从这个意义上说，问题即品类。提出最佳问题的公司往往是定义和主宰品类的公司。换句话说，现在，获胜的公司不仅要推广解决方案，还要把问题推向市场。

对于潜在的用户来说，品类成为组织原则。大众理解了被定义的问题，便期待有产品或服务能解决它。优步最初围绕一个简单明了的问题创造了新品类——叫车服务经常很差。随着业务的发展，优步提出一个更大的问题：没有私家车，一个人怎样才能如期到达任何地方？由此，优步扩大了它的品类范围。优步必须让人们明白，这个问题能以一种新的、基于科技的方法解决。和常常发生的一样，许多人并不知道这个问题可以解决。

　　一旦认识到问题所在，人们便会追逐最流行的解决方案。鉴于可选的产品和服务太多，要人们一一研究实在太麻烦。因此，我们选择最佳的。全球网络、搜索引擎和社交媒体使每个人都能迅速地找到最佳解决方案。几乎可以说，一旦问题——品类——得到充分认识，消费者就会找到最流行的解决方案，进而大肆追捧。尤其是在选数字化产品和服务时，任何人都没有理由勉强接受次优的产品。每一个渴望得到最佳解决方案的人都能立即如愿。公认的最佳解决方案几乎占据全部的市场份额，次优方案占据的市场份额尚能维持企业生存，其他的基本没得分。

　　对于品类背后的理念以及消费者如何做出购买决定，人们早有了解。早在 20 世纪 70 年代，里斯和特劳特就写道，"为应对复杂性，人们学会了把一切简单化"。他们还说："对人、物和品牌分类，不仅是一种方便的组织方法，还是防止人们被复杂的生活吞噬的必需品。"（不可思议，对不对？ 70 年代的人竟然会被复杂的生活吞噬！）假如奥斯汀·鲍尔斯（Austin Powers）真的在 20 世纪 60 年代冷冻并在 21 世纪初复活，他只要走进好事多（Costco）商店或者打开苹果公司手机应用商店，就能刺激大脑回路。如里斯和特劳特所说，即使在 20 世纪 70 年代，营销人员也知道在同品类竞争中获胜意味着一切。他们写道，"历史表明，市场上出现的第一个品牌的长期市场份额是第二个品牌的两倍，是第三个品牌的 4 倍"，"这种格局不易改变"。[5]

　　不过，现在这种动力学的绝对量级和速度不同。与今天相比，由于进入门槛太高，20 世纪 70 年代的新产品或新品类非常少。在那个非数字化的时代，新产品几乎都是实物，需要大规模生产和分销。打造一个品牌的知名度，需要在电视广告或印刷品广告上花费巨资。今天，Slack 和 Snapchat 这样的产品，可能是几个人在谁家的地下室里攒出来的，用鼠标轻轻一点，就通过云卖到世界各地。如果人们喜欢它，它就会在社交网络上进行病毒性传播。不需要花 300 万美元赞助"超级碗"（Super Bowl）。里斯和特劳特所说的复杂性成指数级增长，因此，强化分类比以往任何时候都重要。没多少人有时间和精力能通过别的方式做出购买选择。因此，人们在面对更多的选择时，需要尽量减少做选择。[6] "商品和服务的选择多了并不意味着购买的自主性强了。"巴瑞·史华兹（Barry Schwarts）在《跨越鸿沟》中说："选择太多会占用我们的时间和精力，这的确会影响我们的自主性。因为这些时间和精力本该花在更有价值的事情上。"[7]

正如诺贝尔经济学奖得主丹尼尔·卡尼曼（Daniel Kahneman）在他的著作《思考，快和慢》中所写，品类作为组织原则得到了大脑和认知偏差研究的支持。[8] 许多脑科学家持相同立场。我们的大脑由 50 多种不同的认知偏差控制。认知偏差促使我们根据直觉而不是事实和逻辑做决定。我们的大脑受到 50 多种认知偏差的影响，这是我们大脑里的快捷系统——一种加快决定速度、降低决定难度的途径，尤其是当我们被信息淹没时。

其中一个认知偏差被称为"锚定效应"，即最初的一点儿信息将影响我们对后续所有信息的看法。比如，在谈判桌上，最早提出的条件对谈判的影响比后来提出的任何条件影响都大。因此，在品类动力学中，先解决问题的公司会在消费者心中获得重要地位。它变成了一个锚。以后出现的公司都会被拿来与它比较。另一个偏差是"选择性支持偏差"——对于已经选择的选项，我们倾向于给出积极的评价，仅仅因为我们选择了它。这意味着，一旦你选择了新品类中的一款产品或服务，你就可能觉得它是最好的，即使后续出现了略好的。这有助于解释，为什么品类王不大可能被只具有微弱优势的同类产品或服务取代。一旦人们选择了一个品类王，总是倾向于相信它是最好的，即使事实并非如此。这种事实解释了，为什么技术超群的公司仍然可能输掉品类争夺战。一旦品类王出现了，消费者便相信它是最佳的，无视任何相反指向的证据。

品类王的概念也符合人类的从众心理。群体性思维偏差是指，人们倾向于认同别人做过的事。大脑研究显示，当我们的看法与群体里的其他人不同时，我们的大脑就释放出错误信号，警告我们，自己可能错了。在品类中，群体性思维偏差为新兴品类王提供动力——消费者拥抱品类王是因为其他人已经拥抱了它。对有些人来说，做出重要购买决定的压力不亚于受到威胁。明尼苏达大学的弗拉德斯·格利斯科维西斯（Vladas Griskevicius）的研究表明，受到威胁时人们会寻求数据上的安全性。"在团体中，我们的脆弱感降低。由于我们隐藏在人群中，动物看不到我们，吃掉我们的可能性降低。团体是我们的避风港和避难所。"[9]
结果，已经拥有 iPad 的人让其他人觉得购买 iPad 的决定更安全。
合群的需要是独特的人类行为，一般从两岁开始。"从众是人类
社会性中非常基本的一个特征"，[10] 马克思·普朗克进化人类学院
（MPI）的心理学家丹尼尔·豪恩（Daniel Haun）说。研究表明，
为了合群，人们确实会改变想法。MPI 对人类为合群而改变想法
进行了研究，发现当我们变得合群时，大脑中两个与奖励有关的
区域受到刺激。原来，我们想购买品类王的解决方案是因为这么
做令我们的大脑感到安全和快乐。

品类思维正是我们大脑的工作方式，所以它能奏效。更重要
的是，在面对过度刺激和疯狂营销时，我们的大脑会开启这种思
维模式。

通过研究上市公司的市值，我们进一步挖掘了品类战略和大
脑科学之间的联系。

研究了 2000—2015 年成立的技术类上市公司创造的总体
价值之后，我们有了惊人发现。[11] 我们发现了持续的"甜蜜点"
（sweet spot）窗口。数据显示，一家企业的最佳上市时机在它成
立后的第 6—10 年。甲骨文、思科、高通公司（Qualcomm）、谷
歌、威睿和红帽（Red Hat，一家开源解决方案供应商）都是在甜
蜜点窗口上市的长期品类王。在这个时间窗口上市的多数公司都
是我们定义的品类王。

我们发现，企业上市时的年龄比它上市前的融资对上市后的

价值创造影响更大。千真万确！企业上市前的融资额和上市后的
价值创造没有任何关系。在我们的研究中，唯一持续作用的因素
是企业上市时的年龄。什么?! [12]

看到《新市场的进化》（*The Evolution of New Markets*）一书
的作者保罗·格罗斯基（Paul Geroski）的研究时，我们禁不住赞
叹。格罗斯基的研究解释了新市场，即新品类进化的各种阶段。
在一个市场形成的早期阶段，市场中的公司（他称为供应商）数
量暴增。在这个阶段，新品类首次被定义，一堆新公司争着解决
问题。在中期阶段，随着品类王的出现和竞争者的消失（因为品
类王获得了所有的经济利益），公司数量骤减。在最后阶段，由
于品类王主宰市场，其他公司所剩无几。受格罗斯基的研究启
发，我们建立了品类成长模型（图2–1）。

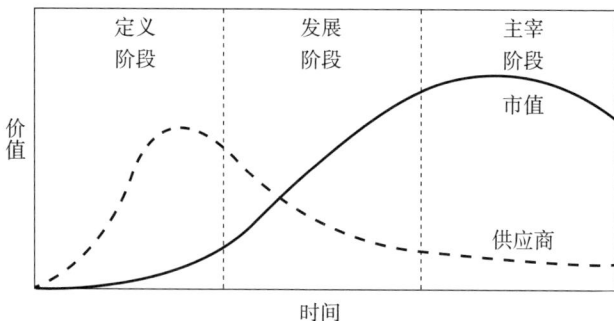

图 2–1 品类成长模型

（随着市场的发展，市场上同类公司的总市值上升，但互相竞争的公司数量
减少了。品类王的地位通常在两条曲线交汇时确立。）

数据来源：格罗斯基，《新市场的进化》，牛津大学出版社，2009

现在，如格罗斯基所言，在第一阶段，由于品类刚诞生，品类的总市值增长缓慢。在第二阶段，随着品类的发展，品类总市值呈火箭式增长。在第三阶段，随着品类的成熟，品类市值达到峰值，然后慢慢下降。

品类成长模型的中段正是供应商数量和品类总市值两条曲线交汇处。交汇时，品类形成、品类王确立，大众知道问题和解决方案，投资人追捧品类和品类王。这是品类进入爆炸性成长的节点。

让我们回到甜蜜点研究。我们把甜蜜点和品类成长模型对比后发现，甜蜜点正好在后者的两条曲线交汇处附近。这似乎意味着，一个品类王上市的最佳时间和品类爆发性成长的时间是一致的。在后互联网时代，这个时间窗口始终是品类中第一批公司成立后的 6—10 年。我们称之为"6—10 法则"（在前互联网时代，新品类渗透市场需要的时间更长一些。在 1986 年，微软在它的甜蜜点窗口上市，当时它已经成立 11 年了）。

为什么各种品类总是在相同的发展阶段崛起？为了找到答案，我们苦思冥想。[13]

最终，我们回到大脑科学和认知偏差。从转换思维到改变购买行为，人们需要一定的时间。这是由我们的大脑对新问题和新方案的接受速度决定的。这个速度取决于问题的大小。当然，与一个青少年发现 Snapchat 后改变向朋友发送消息的方式相比，一家公司的 IT 主管发现 Salesforce 后采用新的重要业务经营方式花费的时间更多。但是，这正是为什么我们会发现 6—10 年的甜蜜点。简单的消费品类崛起得较早，复杂的企业品类崛起得较晚。但是，关键在于定义品类、发展品类、改变消费者看待问题和方案的方式，这总是需要时间的，而且以年为单位。

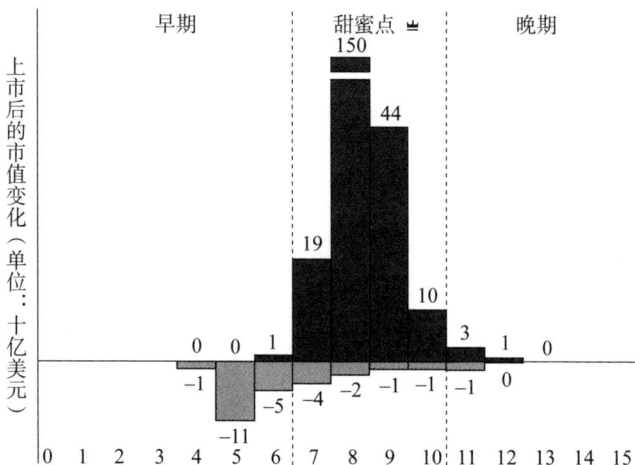

图 2-2 "6—10 法则"示意图

（上市后创造价值最多的公司都是在成立 6–10 年时上市的，品类王通常是在这个时期确立的。）

对 CEO、企业创始人或品类缔造者来说，以上这些意味着什么？你要做的第一件事是改变人们的思维模式。你的产品、企业文化、营销——一切都要立足于转变潜在消费者的思维。一旦你改变了他们的思维，他们就会改变购买行为。更重要的是，如果你是那个改变大家思维的企业，人们就会把你看成品类王，你就会赢得大多数消费者。

这就是为什么我们说品类是新战略。

所以是品类战略

比尔·盖茨创办微软后，他惊人地创造出了数量庞大的品类。其中最著名的，要属个人电脑操作系统和办公软件套装。不过，在成功定义他的品类 Windows 之后，盖茨度过了一段艰难时光。噢，他是那么推崇 Windows！古语有云：当你有一个锤子的时候，看什么都像钉子。盖茨的锤子就是 Windows，所以在他看来任何问题都应该用 Windows 来解决。

2002 年，比尔·盖茨发布了微软的 TabletPC（平板电脑）。那时，许多公司在研发手写平板电脑，用法就像你在开会时记笔记一样。事实上，20 世纪 80 年代末至 90 年代早期，投资人和工程师对"手写电脑"很狂热，就像一个少女在单向组合演唱会上那样疯狂，因为他们相信这就是下一个重大发明。GriDPad 和 EO 两款手写电脑都引起了轰动。但是，这些产品太贵而且性价比不高，人们看不出它们解决了什么问题。不久，那些早期平板电脑都停产了。

但是，盖茨相信平板电脑的价值，并推动微软开发这种产品。他对平板电脑非常有信心，在推出平板电脑时，他甚至说："我预计，5 年内平板电脑会成为美国最畅销的电脑类型。"

然而，他的平板电脑运行的是 Windows 操作系统——与笔记本电脑和台式电脑使用同样的 Windows 操作系统。甚至，"平板电脑"这个名字就暗含着基因缺陷：它没有定义任何新品类，而是企图成为一种形式略有不同的电脑，然而这种新形式并不适合用来做人们平时用电脑做的事。10 年后回首，《计算机世界》（*Computerworld*）杂志写道："微软设计平板电脑，不是从人们的实际需要出发，而是从 Windows XP 系统的运行需求出发。Windows XP 是伟大的桌面操作系统，但是对于平板电脑来说太复杂了。"5 年后，平板电脑没有像盖茨预言的那样成为最热卖的产品，而是消失了。[14]

在盖茨推出平板电脑 8 年后，苹果公司 CEO 史蒂夫·乔布斯登上舞台，主持了激动人心的产品发布会。会场的灯光暗下来，屏幕上出现了一个苹果手机和苹果笔记本，中间打了一个问号。乔布斯问观众："这之间是否能容纳第三种设备？"他否定了市场上出现过的各种中间产品，说那些都是烂电脑。但是，他说，我们的生活中必须有这样一种设备，"比笔记本电脑更便携，比智能手机功能更强大"。说完，屏幕上出现了第一款 iPad。接着，乔布斯说出了充满魔力的话——这些话表明，苹果公司对这个新产品的思考方式是全新的："iPad 创造和定义了一个新的设备品类，它将以更私密、直观和有趣的方式将用户与应用及内容相连接。"[15]

iPad 不是笔记本电脑，也不是手机。它解决了一个"移动—社交—云时代"的新问题：人们需要一款能随身携带的设备，用它看照片、购物、看杂志，或者在脸书上闲逛。它不必像笔记本电脑一样大而强，但是它的屏幕必须比手机大。乔布斯定义了一个新问题，并为此研发出一种新产品。因为他发布了 iPad，乔布斯让我们意识到这个问题——即使我们从来没想过——苹果公司有最佳的解决方案。乔布斯有目的、有决心、有策略地创造了一个新品类，并从第一天起就把 iPad 推上王座。产品本身不是苹果公司的战略，增加某种软件的销售也不是，创造品类才是。

当然，这个战略奏效了。在 iPad 问世的第一年，苹果公司卖出 150 万台 iPad，这意味着 100 多亿美元的收入。不久之后，来自世界各地的竞争对手，包括三星、LG 甚至微软，纷纷推出同类产品。不过，像通常发生的那样，后来的模仿者很难抢走品类王占据的庞大市场份额。[16]

品类战略不只适用于技术公司。曼诺依·巴尔加瓦（Manoj Bhargava）生于印度，14 岁时移居美国，大学一年级时从普林斯顿辍学，在印度过了 12 年僧侣生活后，搬回美国，然后创办了一家塑料公司。21 世纪初期的一天，巴尔加瓦在加州阿纳海姆市的天然产品贸易展上闲逛。走到一个饮料展位前，他停下了脚步。这家卖的应该是能量饮料，口感很差，一罐 16 盎司。① "接下来 6 到 7 个小时，我的状态很好，"著名的隐居者巴尔加瓦对《福布斯》杂志说，"我想，哇，这太棒了。我可以卖这个。"不过，他知道这类饮料流行不起来有三个原因：16 盎司的包装，将

---

① 1 盎司 ≈28.3 克。——编者注

它置于和可口可乐、星巴克的星冰乐等其他饮料竞争的境地；由于能量饮料口感差，它们往往被视为含有大量咖啡因的不健康饮品。"我就想，如果我累了，我会不会口渴？"巴尔加瓦说，"那感觉和头疼、胃疼相似吗？另外，16盎司的大瓶装没有意义。"[17]

巴尔加瓦看到了一个新品类的商机：能量补充液。这种产品目前市面上没有，销售时以饮品自居，却又自成一派，在商店的收银机旁边售卖。6个月后，他推出一款装有浓缩咖啡因和维生素B的口服产品，红色小瓶，两盎司装。品牌的名字很直白：5小时能量。由于用一个新方式解决了一个明显的问题，这款产品取得了突破。问题就是：人会累，所以需要一款能提神来学习、工作或开车的产品。新方案提供了一种捷径：无须一大罐，只来一小瓶，你就能"续航"5小时。在一个充斥着饮料和咖啡因饮品的市场，巴尔加瓦创造、发展和主宰了一个全新品类。到2011年，5小时能量的销售额达到100万美元，市场占有率达到90%。巴尔加瓦成为亿万富翁——他承诺将他90%的收益捐给慈善机构。和苹果公司推出iPad一样，巴尔加瓦的战略是品类。他构思出品类和创建方法，将问题广而告之，然后创造产品和公司解决问题。

许多风险投资人喜欢说："我们投的是团队。"但是，没有伟大的战略，一个伟大的团队什么都不是。一个伟大的团队，如果在一个差品类中或者将自己定位成一个既有品类中的跟随者，就注定会失败。但是，如果一个中级的团队偶然发现了一个伟大的品类，这个品类会成就它们。这个产品也不必是奇迹般的——它只要能达到品类标准就够了。

当合适的产品与合适的公司碰上强大的品类，品类确实会将这种产品和服务推向市场。21 世纪初期从脸书到 Slack，这类呈火箭式成长的创业公司不断涌现。一旦品类的问题被定义，市场就会呼唤解决方案，消费者就会疯狂地采用公认的解决方案。在一个经过精心打磨的品类推动战略中，公司设计品类，大肆渲染问题，提供解决方案，然后品类使公司称霸。没有品类做支撑，一个立志称霸的企业就是空壳，注定在颓势初现时就被取代。

这就是为什么基于品类的策略需要几乎同时设计产品、公司和品类。它们是一体的——专门为共同改变人们的思维而设计。我们把这个战略用三角形表示出来，每一条边都同样重要（事实上，我们认为酒吧里的三角凳更贴切，但是三角形更好画）。基于品类的策略看起来就是这样（图 2-3）。

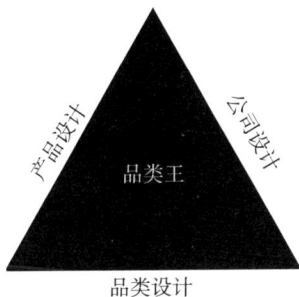

图 2-3　魔力三角

（为了提高成为品类王的概率，公司几乎需要同时进行产品设计、公司设计和品类设计。）

产品设计的目标是提供符合市场需求的产品和体验。它追求的是人们常说的产品—市场高度匹配。其实，在技术创业圈，大多数公司都是从几个人在车库捣鼓出来的产品开始的。

公司设计的目标是创造适合品类发展的组织文化和商业模式。它追求的是公司—品类高度匹配。

品类设计的目标是创造和发展市场新品类，吸引能帮助公司称霸的消费者。在营销术语中，这叫"宣传战"。它包括赢得舆论战，规劝世人弃旧迎新。在构建舆论空间的同时，品类设计让创造它的公司成为焦点。下一章将进一步分析品类设计。

三大要素——公司设计、产品设计和品类设计——相辅相成、彼此制约，对公司的成功和价值具有重大影响。传奇而不朽的公司同时具备这三大要素。三者相辅相成，产生"飞轮效应"，助力公司发展。我们将在第8章具体讨论"飞轮效应"。

看上去，魔力三角似乎是针对创业公司的，其实不然。内置强大飞轮并持久经营的公司能不断地创造和发展品类。在创造新品类的同时，确保公司和品类相适应，亚马逊因此成为同时创造新品类的大师。比如，它创造了Kindle电子书阅读器，还创造了AWS（亚马逊旗下云计算服务平台）。165年来，康宁一直实施这种战略，今天它依然通过创造前所未有的玻璃品类延续这种策略。1964年，在成立50多年后，IBM推出S/360（360系统）计算机，这是历史上最伟大的品类创造事件之一。

设计三角也能在较小的事情上发挥作用。本质上，大公司里的每一个部门都在创造某种产品或服务。研究本部门服务的品类和本部门及其贡献如何服务于品类，该部门便会从中受益。个人也可以这样看待他们的事业。最成功的职场人能同时识别品类、找出痛点（为满足品类独特的需要他们能做什么）和个体文化与观点（他们是谁，他们如何思考）。拳王阿里（Muhammad Ali）创造了拳击表演者这一前所未有的品类，完美地契合了电视时代的兴起。拳击表演反映了他的能力和思想，他在后来的职业生涯中完全主宰了这个品类。任何人都无法与他相提并论。《哈利·波特》的作者 J. K. 罗琳也一样。她创造了奇幻文学品类，自己也成了品类王。对于办公室里通过成功创造岗位类别并成为类别主管的人来说，品类思维的原则也是适用的。

品类视角下的谷歌

没有几家公司从成立的第一天起就完全规划好了以上设计三要素。有些公司成立时，就是团队成员想一起工作，基本上是从公司设计开始的。有些公司成立，是因为一个企业家想出了一款新产品，从产品设计开始。有些公司成立是看准了一个品类——比如 5 小时能量的创始人巴尔加瓦，后来才不得不设计产品和公司来拿下这个品类。尽管如此，传奇的公司总是迅速超越原始动力，运用品类思维，拥抱设计三要素。无论它们是如何开始的，这些公司总是迅速转向同时设计产品、公司和品类。

考虑到这一点，我们想以一种你可能想不到的方式给你说说谷歌的故事。

2000 年谷歌问世时，许多人认为它不过是一款更好的搜索引擎。电影《梦幻之地》中反复出现一个神秘的声音："你做好了，他们就会来。"谷歌还带来了与之相似的经典工程自信：只要做出伟大的产品，人们就会找到它。谷歌的这种理念令人困惑：面对数款流行的搜索引擎，后来者谷歌为什么成了独角兽？如果谷歌只是既有品类中较好的产品，它是如何成为品类王的？

不过，换一种思路看待谷歌的成功更有启发性。

在谷歌之前，各种搜索引擎激增：远景（Alta Vista）、Lycos、Infoseek、Ask Jeeves 和 AllTheWeb，等等。因为搜索引擎前所未有，所以当时它们看起来非常棒。但是，这些搜索引擎没有一家是真正赚钱的——卖横幅广告位是它们变现搜索服务的唯一途径，但对哪家都不适用。当时没有一家能突出重围、主宰市场。它们的思路相似：利用软件在网页上查找与用户输入的关键词相关的结果。可是，这个过程意味着，仅仅因为你输入的关键词在某个文件中出现过几次，你就会得到很多相关度不高的结果。关键词搜索还意味着，由于搜索引擎计算机必须抓取海量网页，所以网站越大搜索越慢。

20 世纪 90 年代末，拉里·佩奇（Larry Page）和谢尔盖·布林（Sergey Brin）在斯坦福大学的宿舍里想出了不同的方案——一个技术方案。他们认识到，可以利用新生的万维网上的网页链接为网页和网站排序，像你计算得票那样计算链接。一个网页的链接越多，说明它得票越多。运用这种方法，相关度越高的结果排序越靠前。随着网页的发展，人们不断研究链接和用户的搜索习惯，这种方法也日趋完善。网页越多意味着得票越多，得票越多产生的不只是较好的结果——谷歌的搜索结果常常有预见性，似乎知道你真正要找的是什么。[18] 谷歌的创新只有传统搜索和计算机科学的门外汉才能做到。当时，"整个领域都陷入了黑暗"，贝尔实验室的计算机科学家阿密特·辛格尔（Amit Singhal）说，"搜索创新，的确需要没有被我这种人影响过的两个人实现"。[19]

　　因此，谷歌不仅仅是另一个搜索引擎——谷歌创造了一个新的搜索品类，从蓬勃发展的网络结构中获取动力。它为希望从空前无序的网络上找到精准结果的用户解决了一个明显的问题。它重新定义了网上"搜索"的实质。自然地，它变成了动词——去谷歌。一旦大众知道谷歌解决了他们刚刚意识到的问题（记住，起初我们觉得远景的搜索结果不可思议），新品类就会极大提高谷歌的影响力。虽然最初谷歌几乎没有在发展品类上做营销或宣传，但是谷歌的用户量出现爆炸式增长。它甚至不知道自己创造了新品类。

　　不过，如果其他的事谷歌都没做——想象一下，它只把自己看成更好的搜索引擎。那样，谷歌就不会成为今天的科技巨头。它可能只是一款伟大的产品，可能被微软收购。微软吸收了谷歌的技术后，最终留下来的是可有可无的必应。事实是，谷歌创造了 AdWords（也称为"赞助商链接"，中文俗称"谷歌右侧广告"），带来了新的搜索广告模式。由此，佩奇和布林迅速找到了新搜索模式的变现方式。第一次，广告与搜索词关联。广告主不再为随机的关注付费，而是为广告效果付费。作为这场广告革命的一部分，谷歌重新定义了广告主购买广告的方式——关键词投放和竞价。你在搜索的同时，也向谷歌泄露了自己的一些信息。这些信息是大多数广告主以前得不到的。结合搜索这一独有而强大的特征，谷歌巧妙地改变了广告商业模式。当时，佩奇和布林创造了真正具有革命性的品类——非常私人的信息服务和广告相结合——并向广告主推广。

搜索引擎广告新颖而有效，广告费源源不断流入谷歌。通过推出更多描绘用户画像的信息服务，谷歌用这项资金不断地拓展它的品类。谷歌地图显示你的位置，谷歌邮箱能看到你在写什么，谷歌日历能看到你的行程安排，谷歌文档能看到你在忙什么。谷歌收购了 YouTube，能知道你在看什么。谷歌开发了安卓系统（Android），能把电脑端的一套搜索广告业务复制到移动端。谷歌靠与众不同的搜索产品起家，然后借助整个新广告品类的资金支持，将"搜索"重新定义，极大地丰富了"搜索"的内涵。虽然我们不确定谷歌当时是不是这么想的，但是它实施了明智的品类战略——对这种战略的分析将贯穿全书。[20] 结果，谷歌改变了我们获得和消费信息的方式，重塑了广告业，创造了 5 万多个高价值工作岗位，为围绕谷歌开展海量业务的合作伙伴打造了全新的生态系统。

到 21 世纪初，谷歌在搜索领域的竞争对手所剩无几。根据调查公司 StatCounter（美国一家网站通信流量监测机构）的分析，2015 年中期，在搜索引擎市场，谷歌占据 74.8% 的市场份额，而必应仅占 12.4%，雅虎则占 10.9%（2003 年雅虎推出了自己的搜索引擎）。所有迹象表明，谷歌一直是伟大的品类王。无论无意还是有意，它都实际综合运用了品类设计三要素。普遍的看法是，由于推出了更好的搜索引擎，谷歌轻易就赢了。其实，同时设计了新品类和与之相适应的公司，才是谷歌获胜的原因。

因此，不管你是从魔力三角的哪一边开始，品类设计最终不能靠运气。没有伟大的品类支撑，再伟大的产品和公司都成不了气候。如果一家公司等着别人去设计品类，那么它是在冒险，可能会错过成为品类王的机会。如你我所知，品类王几乎垄断了整个品类经济——市场份额、市场价值和利润——给竞争对手留下的都是边边角角。

品类成就王者

我们很喜欢威睿的第一任 CEO 戴安·格林（Diane Greene），她才华横溢。我们和她讨论了威睿的早期发展，发现她一开始并不知道威睿将创造一个强大的品类。

　　格林的先生，蒙德尔·罗森布洛姆（Mendel Rosenblum），是斯坦福大学计算机教授。威睿产品源于罗森布洛姆的研究项目。当时，计算机可以运行像微软 Windows 那样的单一操作系统。罗森布洛姆开发出电脑分区软件，允许一台计算机同时运行第二个操作系统。第二个操作系统相当于在另一台计算机中运行的虚拟计算机。因此，格林和罗森布洛姆开始将他们的产品称为"虚拟机软件"。起初，产品的目标用户是研究人员。为了避免试验性软件破坏计算机上的其他东西，这些研究人员可能希望在计算机中某个安全的区域运行试验性软件。"我们早期的用户都是物理学和化学教授，"格林告诉我们，"我们内部流传着一个笑话：'威睿——不是人人能用的。你首先得非常聪明。'"[21]

　　然而，格林和罗森布洛姆并不幼稚。他们意识到，自己创造了一种新产品，它具有广泛的适用性——比如，适合企业在内部系统中安全地测试软件。因此，1998 年他们成立了公司，格林担任 CEO。他们将"虚拟机软件"（Virtual Machine Software）简称为 VMware（威睿）——一个让所有参与者都非常讨厌的名字。他们发现，这项技术难以解释。许多风险投资人拒绝投资，因为他们不懂市场，甚至连格林本人也不懂。"我们没想到威睿会成为估值数十亿美元的产业，"她告诉我们，"我们只是说，'这个，可能，真的有需求'。"

　　威睿创始人从魔力三角的产品设计开始。他们知道，技术专家至少模糊地感觉自己需要虚拟化软件。当威睿准备发布第一代产品时，格林仍在努力理解和介绍这个品类。与选择特定渠道销售不同，格林决定把软件放在威睿网站上，供人们免费使用 30天。在一个周日的下午，威睿发布了这款软件。

"我们购买的带宽有限，"格林回忆说，"所以当我们在（周一）早上 6 点左右上网站查看时，收到的全是一个康奈尔的孩子发出的邮件，他说：'威睿——你们的网站瘫痪了，带宽不足。我正在康奈尔维护它，我会记录每一位来访者的信息并通知你们。'"当格林和她的团队查看数据时，发现 7.5 万人下载了他们的软件。

格林渐渐明白，威睿创造了一个全新的品类——虚拟机软件——它拥有巨大潜力。新产品是如何运行的？它为什么能帮企业节约大量运行计算机系统的成本？通过向媒体解释这些，她开始进行某种品类设计。她意识到，威睿可以解决一个巨大的问题——企业计算机利用率很低——并开始宣传。另一个聪明的做法是，"我们立即推出了大规模培训计划，能给学员进行威睿认证"。这个策略旨在塑造品类，同时为用户和支持者建立生态系统。在接下来的几年里，为了品类设计和开发，为了保证威睿是公认的品类王，格林做了许多事。不过，故事的重点在于，这个品类立即拥抱了威睿，"使"威睿成为品类王。这个品类一问世，便非常感激威睿为它设计了产品和公司。这个品类让威睿成名，将威睿推上王座。通过给品类定义，新的品类诞生了，新的品类王出现了。顺便说一句，威睿在成立和创造品类的 9 年后上市，符合我们的 6—10 法则。

事实证明，品类需要王者。垄断性企业有利于品类发展。当我们不知道一个品类的发展方向和结果时，我们真的希望出现一个品类王，开始负责、制定规则和定义品类。我们真的希望出现一个品类王，给我们一个明确的方向。如果品类王没有出现，这个品类的发展会停滞。在资本主义社会，人们顽固地认为，激烈竞争总是对公众有利：企业竞争越激烈，生产效率越高、创新能力越强、产品价格越低、产品和服务越好。但是，这种理念通常只适用于品类出现已久的成熟行业。冷冻食物这个品类需要伯宰创造，但如今这是个成熟的品类，人们已经完全了解并解决了它曾经代表的问题。它不再需要一位富有远见的领袖赋予自己活力。它需要解决的问题是，不断降低价格、提高质量，而竞争对此有益。换种方式看，如果伯宰垄断了冷冻食品行业 100 年，我们今天就得花更多的钱购买在质量上数十年没多大改进的冷冻食品。随着时间的流逝，垄断企业会变得懒惰、贪婪。但是，在品类开发时期，出现一个强大的品类王意义重大。

最后，正如我们前面所说，新技术为品类创造空前加速创造了条件。速度作为一种竞争手段总是重要的，尤其是在技术领域。几十年来，企业家、CEO 和风投推崇类似"先发优势"这种基于速度的战略。但是，在"移动—社交—云时代"，企业没有时间犹豫是否采取品类战略。我们认为，无论在繁荣时期还是萧条时期，品类战略都是大趋势。毫无疑问，过去也是如此——我们为分析创业公司采集的数据，既包括科技投资萧条时期（互联网泡沫破灭之后的 2000—2001 年、金融危机爆发之后的 2008—2009 年）的数据，也包括经济繁荣时期（2004—2007 年、2011—2015 年）的数据。在这些时期，速度趋势均成立。

对企业家、CEO、高管、投资人和其他有进取心的人来说，这意味着什么？你必须争分夺秒！因此，尽快看完这本书，然后去设计你的品类。

第 3 章

品类设计的概念

历史上的伟大品类设计

公元 37 年至公元 67 年，使徒保罗（Apostle Paul）徒步穿越已知文明世界，定义并创建了以耶稣关于爱和救赎的教义为基础的新型宗教。

1776 年，英属美洲殖民地的反叛者发表《独立宣言》，创建了基于民主与平等的新型国家。

1848 年，卡尔·马克思和弗里德里希·恩格斯发表《共产党宣言》，弗拉基米尔·列宁借此创建了由穷人和贫苦的无产者统治的新型国家。

1912 年，杜克·卡哈纳莫库（Duke Paoa Kahinu Mokoe Hulikohola Kahanamoku）开始环游世界，组织冲浪展，使冲浪走

出夏威夷成为新的国际性运动。60 年之后，这项运动帮助阿尔在澳大利亚赢得女孩青睐。

1964 年，《遇见披头士》定义市场，创造出伟大的流行摇滚乐，风靡全球。

1999 年，为了创造渴望新型云计算应用的市场，Salesforce 发起"零软件"活动。其 CEO 马克·贝尼奥夫（Marc Benioff）完美诠释了现代品类设计。

品类设计究竟是什么？

让我们把问题抛给自己：品类设计能解决什么问题？

问题的核心在于，拥有史蒂夫·乔布斯那种直觉的人寥寥无几。拥有优良产品却无法打开局面的优秀公司则不计其数[1]——因为它们在市场上找不到自己的位置。太多公司本质上是，在暴风雨来临时伸出一支杆，希望能被闪电击中。灵光乍现是企业家解决问题的动力。品类设计者会进一步定义市场，通过行动和呼唤新事物的方法来验证自己的直觉。在这个高速发展、高度网络化的时代，除非你像乔布斯或马克·贝尼奥夫一样天赋异秉，否则成功的机会很渺茫。品类设计为精明、进取的人提供了一种系统方法，致力于提高他们成为品类王、找到做大途径的概率。

转变大众思维，影响大众购买行为，需要综合运用品类设计、公司设计和产品设计。

我们是从"运动员"转变成"教练"的。当年经营公司时，我们对缺乏品类设计的痛苦深有体会，深知缺乏意义感和方向感会影响团队付出的努力。也许，你的公司正在经历这些困惑：首席营销官介绍的新品牌看上去就像糟糕的面部刺青，一年后就会让你后悔；销售人员希望增加案例教学，因为他们不知道怎样促成交易；工程师通过增加消费者要求的各种特性制作产品——可以确定，这家公司在让消费者设计自己的品类，这可能是个危险的信号。（正如亨利·福特的那句名言："如果当初我问消费者想要什么，他们很可能会说一匹跑得更快的马。"）当你斥巨资聘请麦肯锡做新咨询时，当投资人想做的收购就像往啤酒里加巧克力糖浆时，当加特纳魔力象限（Gartner Magic Quadrant，一种在某一特定时间内的对市场情况进行图形化描述的研究工具）上市而你在底层挣扎时，当你收到一封《财富》500强公司寄来的需求建议书而作者明显是你的竞争对手时，当你和团队里的众多聪明人辛勤工作却毫无成果时……你吃尽了缺乏品类设计的苦头。上述经历，本书的写作者或多或少都体验过。坦白说，那感觉糟透了。

我们整个职业生涯都在试图理解品类王思维和品类设计。现在，我们认为是时候提出"品类设计"这个新概念了。20年来，我们都在试图独立或共同解决这个问题。为了洞悉品类创造的规律，我们体验了品类创造的过程，研究了品类设计大师，分析了2000年以来每一家新成立科技公司的数据。我们也知道，在必要的时候，及时提出新概念有多么重要——因为我们曾经做过。

一个新概念是这样产生的：

在 21 世纪初，我们三人都在 Macromedia 的管理层工作。Macromedia 最知名的产品是动画软件，它为网络大众带来了视频。Macromedia 当时的 CEO 是罗伯·伯吉斯（Rob Burgess）。那时，他正在评估公司的各种产品，并对我们说："我有一堆门把手。[2] 我不断地增加门把手，收入却没有提高。我们需要推动收入增长，请帮我想点办法。"他要求我们找出 Macromedia 在科技圈的独特之处，为公司重新定位。

为了解决这个问题，我们充分发挥了集体的聪明才智。

阿尔第一次创业是在 20 世纪 80 年代，为 UNIX 系统管理开辟新空间。在 20 世纪 90 年代互联网蓬勃发展时期，作为 Quokka Sports 的 CEO，阿尔创造了一个新品类，叫"动在其中"，即尽情享受运动、数据和网络内容的融合。克里斯托弗是第一批做客户关系管理（CRM）产品的人，后来成为硅谷 Vantive 公司的首席营销官。随着互联网的不断发展，克里斯托弗加入 Scient。这家公司致力于主导新兴"电子商务"的发展，当时"电子商务"还是新概念。在 Vantive，戴夫开始和克里斯托弗一起做品类营销员，然后继续在与销售相关的组态软件领域和前面说过的网络脱口秀广播节目开拓创新。当戴夫、阿尔和克里斯托弗在 Macromedia 共事时，每个人都构思并检验了多种创造新品类的方案。其中的很多想法，对我们的"成为独角兽"研究深有启发，在本书中会得到体现。

当我们三人带着品类思维去解决 Macromedia 的问题时，我们把"经验"在新兴数字经济中的重要性归零。互联网把网站切换变得很容易，这带来了一个新问题：网站的用户黏性差。因此，我们找到了一个 Macromedia 可以解决的新问题。通过改善网站的使用体验，Macromedia 可以帮助网站提高用户黏性。现在看来这似乎平淡无奇，但在当时算得上一次革命。

我们强烈建议，Macromedia 要靠生产帮助网站开发者和设计者实现良好用户体验的产品扬名。这涉及的不只是产品设计，还有理解用户在使用 Macromedia 产品时的环境。这意味着，要理解产品、品牌、用户服务和其他一切给人的感觉，然后据此设计产品，让用户感觉良好。所有这些想法可以用一个术语概括："体验设计"。

商业和科技领域出现新概念的历史悠久。在 20 世纪早期，机械化和电力为商业和消费者带来了复杂产品，比如：汽车、洗衣机、烤箱、打孔卡制表机（计算机雏形）和农业机械。一个新问题凸显出来：如何吸引更多人使用机械？到 20 世纪 20 年代，针对这个问题的新概念出现了，它被称为"工业设计"。这个概念"10 年之内就把美国机械怪物般的产品变得时尚、现代、富有未来感"，《美国工业设计之父》[3]（*Founders of American Industrial Design*）的作者卡罗尔·甘茨（Carroll Gantz）写道。20 世纪 80 年代，计算机科学第一次开始走向大众市场，同时提出了工业设计没有解决的问题：如何帮助人类与数字设备连接、互动。又一次，针对新问题的新概念出现了。它在斯坦福大学浮现，在 IDEO（全球顶尖设计咨询公司）形成，被称为"产品设计"，就是将设计艺术和工程学相结合。通过应用这个规则，IDEO 设计出第一台商业笔记本电脑，还为商业 PC（个人电脑）设计出第一款鼠标。今天，产品设计是技术领域的标配——没有哪家公司不做。"我们过去认为产品设计是非常愚蠢的程序，就像在某个遥远建筑中设计的外围，"IDEO 创始人丹尼斯·波义耳（Dannis Boyle）在回顾它的历史时说，"现在，产品设计概念更加重要，这令人愉快。"[4]

后来，历史证明，过渡时期需要新概念为我们塑造和驯服新力量。工业设计者为机械化这样做了。产品设计者为计算机化这样做了。

坐在 Macromedia 的办公室里，我们意识到，互联网引起了新变化，呼唤一个帮助人类与在线产品和设备互动的原则到来。体验设计已经演变成技术行业构造的一部分。任何一个正常的公司都会做体验设计。

在 Macromedia，体验设计衍生出许多看似不相干的功能，包括视觉设计、用户体验（简称 UX）、产品管理和开发、品牌推广和营销。Macromedia 认为，自己应该率先发展体验设计并以此扬名。随后，公司口号产生了——"关注体验"。Macromedia 运用体验设计创造了新品类，被称为"富互联网应用"（Rich

Internet Applications）。富互联网应用向用户传送多媒体数据，Macromedia 则将不相干的"门把手"打包成 Macromedia 五合一直通车（Macromedia Studio MX）。这些产品最终改变了公司的地位和收入。2005 年，苹果公司以 34 亿美元收购了 Macromedia。其中很大一部分价值来自 Macromedia 创造的以"关注体验"为核心的富互联网应用。

当我们选择由运动员向教练转型时，我们开始将个人经验与研究、数据科学分析结合，试图破解打造品类王的密码。当我们将这些拼凑在一起时发现，今天这个移动—社交—云、极端网络化和始终在线的时代发生了新变化。不过，这次该变的是公司本身。变化引发了一系列新问题，我们早先已经罗列过了——包括赢者通吃和创业公司大量涌现带来的混乱。我们认为，需要一个新的概念来驯服现代力量、提高胜算。我们认为，这个原则就是"品类设计"。

我们相信，自己得出了值得企业家、投资人和有雄心壮志改变世界的人考虑的结论。

为了把握创业大获成功的精髓，我们把品类设计作为严格的准则提出来，并加以解释。

这并不是说我们已经完全明白了。作为在技术行业奋斗了 30 年左右的人，我们知道自己的发现只是沧海一粟。我们希望，你能接受我们从分析、研究和亲身经历中得出的结论，并将它作为你思考的出发点。我们希望引发关于如何为渴望建立传奇品类和企业的人提高胜算的讨论。

至少，与自称乔布斯转世或希望被闪电击中相比，品类设计更靠谱。碰运气是不可行的。

好的，但等一下——品类设计到底是什么？

所谓品类设计，即通过创建市场新品类、定义新市场和提供解决方案成为品类王。

品类设计意味着，你要整合公司的诸多行动，要运用本书提出的战略。这是一种原则，也是未来的一种职业选择。就像一个人可能成为产品设计师或用户体验设计师，许多公司将来也会出现品类设计师一职。与体验设计或产品设计一样，公司将来也需要一个品类设计高管，负责整合资源，尽可能提高公司成为品类王的机会。

我们将在接下来的篇章中揭示品类设计的关键点：

• 品类设计是公司的品类王战略助推器。CEO及领导层锁定适合创造的品类，确保产品、公司与品类相匹配。

• 品类设计涉及产品和生态系统设计。这包括设计蓝图，帮你树立有方案解决迫切或重大问题的信念。这意味着，要围绕你的产品营造一个能为公司和产品赢得忠诚和感激的市场环境。Salesforce 的梦想力大会（Dream Force）、脸书的

F8 开发者大会和威睿的威睿世界技术交流大会（VMworld）都是有数万人参加的科技盛会。如果你能举办这种规模的大会，就说明你处于一个强势品类生态系统的顶端了。

·品类设计是企业文化的一部分。这与企业、雇员和包括投资人、合作伙伴、分析师、记者在内的周边人群的类型有直接关系。这是企业的世界观。

·品类设计是讲一个引人入胜、振奋人心的故事，刺激消费者或用户做出选择。这个故事引起的反应与过去不同，而不只是更好。

·品类设计是营销、公关和广告。它关注的是引导市场追逐你提供的任何解决方案。它的目标是给市场制造惊喜，改变人们的消费习惯、方式和观念。这远比宣传和品牌推广复杂。

·最重要的是，品类设计同步推进这些设计，促进它们相互支持，所以每一步都推动着品类和品类王的发展。在这个意义上，品类设计就像交响乐。与乐队的每一个组成部分都要共同演奏一样，企业的每一个组成部分都要共同实施品类设计。

此刻也许你在想："听起来工作量很大！我只是想开发这个酷酷的小应用，然后把它卖出去！"但是，品类设计可以增加你的胜算。太多的 CEO 认为，消费者一旦发现产品的伟大创新点就会购买。但是产品和企业并不是无根之木，而是从属于品类。

如果你不发展品类，别人会做，到那时你就惨了。要么自我定位，要么被别人定位。

CEO 常犯的另一个错误是，认为企业的外部环境是不可控的。有些高管眼中的市场就像天气——你只能听天由命，无法支配也无法影响它。然而，关键是，如果你在创造一个新品类，你就能按自己的意愿塑造外部环境。如果你选择了别人创造的品类，对企业外部环境的影响自然有限。如果你开创了一个新品类或者定义了一个新兴品类的规则，那么你就能按自己的想法设计整体外部环境。

请记住：你必须设计品类！如果你听天由命，别人会去做——可能是竞争对手，可能是消费者，可能是加特纳集团的分析师，可能是媒体。但是，如果设计品类的人不是你，就意味着你把增加胜算的黄金机会拱手让人了。

工程学院的信条是：好技术是硬道理。现在，技术公司推出产品的速度快、成本低，试图通过品类设计抢占市场。即使从大局出发，推出新产品也确实有可能赢。加上品类设计既难做又无法立即评估，所以许多人不愿意发展品类。如果一款伟大的产品失败了，这个团队就会认为是运气不好。但是，再次引用扑克牌冠军格雷格·雷默的话，机会对每个玩家都是一样的，关键是要做大，竭力做好每一件事去提高成功率。这样做不一定能成功，但是能提高成功的概率——一定比被闪电击中的概率高。品类设计是 21 世纪提高企业成功率的捷径。

转变：如何看待品类设计

品类设计为人们开启了一段新的旅程。我们创造了 from/to（从……到）一词指代它。事实上，我们用了缩写——frotos（转变）。记住，一个伟大的新品类，要么解决了人们没意识到的问题，要么解决了老大难问题。不管怎样，你正在向潜在消费者介绍一种新的解决方案。你必须帮助他们从原来的思考方式，切换到新的参照系。这就是引领市场的含义。你必须先定义问题并加以宣传——只有到那时，你才能让人们知道你有比其他人更好的解决办法。威睿必须让技术专家觉得，不能在一台电脑上同时运行 2 个以上操作系统是个问题。在威睿提出问题之前，大多数电脑使用者对此没有意识。然而，经威睿一提，技术专家立刻就懂了，觉得这个问题亟待解决。届时，威睿是公认的领导者，消费者自然从威睿那儿购买产品。同样，谷歌让大家意识到远景的搜索结果可能有问题。优步必须让我们意识到打车难，它有更好的办法。定义一个问题是这个过程的起点。与公司相关的每一个人，消费者、雇员、投资人、外部开发者、合作伙伴、博客写手、新闻记者，必须认同这个问题。每个人的起点都是"from"（从）。你必须确保他们抵达你的"to"（到）。

如何定义问题？马克·贝尼奥夫有很多经验可以传授给技术行业的所有人。我们关注了 Salesforce 的创始人兼 CEO 很长时间。从 1999 年 Salesforce 成立开始，凯文为了写故事和专栏就一直在采访他。20世纪90年代中期，克里斯托弗和戴夫在Vantive从事技术领域工作，后来Salesforce成了那个领域的王者。从我们的角度看，贝尼奥夫成功实施了我们这个时代的现代品类设计战略。他引导市场接受了他的观点。

首先，同时考虑"从"和"到"。1999年，"云计算"这个词很"科幻"，那时让一个首席技术官相信云计算，就像20世纪60年代让一个人在俄克拉何马州开寿司店一样。2006年，缔造公共云计算品类的AWS才发布——即便是那时候，亚马逊的CEO杰夫·贝佐斯形容和解释他的新服务也非常困难。[5] 没有公司愿意把自己的数据放在某个网络公司的电脑上。在20世纪90年代，如果一家公司需要借助软件经营业务，它会购买并在自己的电脑系统上安装昂贵、复杂的程序。当时最火的公司软件叫CRM——客户关系管理系统。它能帮助销售团队跟踪用户、预测和统筹销售活动、共享有益信息。销售这种软件的品类王叫希伯尔系统（Siebel System）——1993年由托马斯·希伯尔（Thomas Siebel）和帕特丽夏·豪斯（Patricia House）共同创办。希伯尔之前是甲骨文的高管，贝尼奥夫曾是甲骨文迅速升起的明星，在甲骨文，希伯尔和贝尼奥夫彼此非常了解。[6]

各大公司长期以来认为希伯尔的CRM能解决销售活动自动化的问题。因此，那时就是"从"这开始的。还在甲骨文时，即便希伯尔当时在CRM领域地位飙升，但贝尼奥夫早就发现了CRM的一个问题：软件太贵、太复杂，这常常让想用它的用户很有挫败感，或者一开始就把企业用户吓跑了。贝尼奥夫认为自己能解决这个问题。

在新兴的互联网领域，贝尼奥夫想出了一个解决方案。他将 CRM 这种软件放到某个中央数据中心，让消费者通过互联网使用这个软件。与收取数百万美元的软件使用费不同，他可以收取更加可观的会员费。企业用户不必雇用 IT 员工维护公司电脑上的复杂软件。贝尼奥夫可以在数据中心管理这款软件，因此用户永远不必接触它。贝尼奥夫离开甲骨文后，创办了 Salesforce，推出一款比希伯尔的 CRM 更简单、更低价的产品——最重要的是，它和 CRM 不一样。它在当时也完全不被人认同。大多数企业 IT 人士早期看到 Salesforce 时说：它永远都不会成功。

贝尼奥夫没有让这个品类听天由命，他也没有想当然地认为酷炫的新产品不愁卖。他明白，要融资、雇用员工、赢得消费者，他必须带世界踏上新的旅程，他必须引导市场。

1999 年，当 Salesforce 还在旧金山的一间公寓时，贝尼奥夫就开始设计品类了。他邀请《华尔街日报》的记者唐·克拉克（Don Clark）采访自己，但是他没有把时间花在宣传解决方案上。他强调的是问题。1999 年 7 月 21 日，《华尔街日报》把克拉克的报道放在了头版。标题是"抛弃程序：软件将成为在线服务，重塑行业格局"。这个报道是贝尼奥夫为 Salesforce 最终推出的解决方案引导市场的第一步。那次曝光之后，贝尼奥夫又和其他记者交流，还举办了"终结软件"启动会。这个词将成为 Salesforce

的撒手锏。它甚至还设计出更绝的"严禁软件"商标，模仿了老
电影《捉鬼敢死队》（*Ghostbusters*）。注意，那些口号和商标中，
并没有 Salesforce 的身影。他专注于定义那个只有他才能解决的问
题。"我们需要创造一个全新的市场，推广一种全新的工作方式。"
贝尼奥夫在他的《云攻略》（*Behind the Cloud*）一书中写道。[7]

之后，贝尼奥夫创意迭出。他把希伯尔当成自己的垫脚石。
希伯尔代表了贝尼奥夫要解决的问题。他希望人们把他的公司
看成强攻希伯尔堡垒的海盗。"我们向旧金山市政府申请举行反
软件游行，"几年后他告诉《纽约时报》，"我们指出，软件正在
伤害美国经济。它正在制造光盘垃圾场。市政府批准了我们的请
求！"[8]贝尼奥夫领导了一场不温不火的反软件游行。

与许多令人苦恼的外交官式 CEO 不同，贝尼奥夫公开奚落
比他强大的竞争对手，尤其是希伯尔系统和另一家销售 CRM（客
户管理系统）[9]的 SAP（这也是我们为什么喜欢贝尼奥夫的原因
之一）。有时，他听起来比《兔八哥》系列动画里的来亨鸡福亨
更夸张。（"我说，我说，请注意，年轻人，也许你能知道软件的
未来。"）但对他来说，这些努力和哗众取宠都是为了给新品类的
崛起打基础，树立 Salesforce 能解决问题并带领全世界开启新旅
程的形象。[10]

当记者、分析师和潜在消费者意识到这个新问题时，希伯尔
感到必须做出回应，尽管 Salesforce 当时对希伯尔的市场构不成
任何威胁。"当希伯尔开始为自己辩护，承认 Salesforce 公司，"

贝尼奥夫写道，"媒体开始把这场战争看成越来越有趣的故事，这进一步将我们合法化。从这点来说，我们已经赢了。"[11]人们一旦看到问题，就无法忽视它，所以说 Salesforce 公司赢了。瞬间，希伯尔被贴上了问题的标签。Salesforce 给自己贴上解决方案的标签。贝尼奥夫凝聚了一种共识，即 Salesforce 必然是这种新品类的王者。他的观点从无中生有变成了自我证实的寓言。

当然，Salesforce 必须给出解决方案。它必须真的拥有解决该问题的技术。不过，当品类呼唤产品的时候，这个产品不必一开始就尽善尽美。一旦基于云的销售自动化管理品类揭示了问题，市场就会接受任何可行的解决方案。市场看着 Salesforce 说，快把你的方案给我！马上！

贝尼奥夫还用有力的观点和人格面具成功传递给了 Salesforce。它是海盗，是激进的梦想家，是局外人。（尽管甲骨文奇才贝尼奥夫很大程度上是软件行业的局中人！）Salesforce 用它的观点影响了消费者和开发者。Salesforce 说，和我们一起，告诉那些确立规则的笨人怎样做事。贝尼奥夫把自己和宗教人物联系起来，把自己打造成一个拒绝物质主义的精神领袖。21 世纪初期，Salesforce 公布了某颇具争议的宗教人物为公司祈福的宣传海报，导致 Salesforce 一度在国际上声名狼藉，舆论一片哗然。贝尼奥夫道歉了，这件事也平息了。但如果没有发生这件事，贝尼奥夫的声誉可能更好（这是经典的劫持策略——我们会在后面讨论）。贝尼奥夫为公司在纽约交易所选择的代码就是"CRM"，这也许是他对现有的 CRM 行业最有创意的一次羞辱。

到 2004 年上市为止，Salesforce 签约了 1 万家客户，拥有近 14 万用户。每月每名用户向 Salesforce 支付 65~125 美元的使用费。[12] 希伯尔处于守势，它试图推出一款类似的基于云的订阅产品——CRM 按需服务。但是，当时 Salesforce 已经主宰了新兴的基于云的销售自动化管理品类。这个品类让 Salesforce 称王。希伯尔则成了跟随者。据贝尼奥夫回忆，对希伯尔来说更糟的是，"由于落在这波'云软件'后面，他们为我们确立了市场地位"。Salesforce 成功地设计了它的品类，所以这个品类使它称王。希伯尔进入这个品类后，需要遵从 Salesforce 制定的游戏规则，所以它的失败是必然的。定义品类的公司最有机会主宰市场。

值得注意的是，Salesforce 并没有瓦解希伯尔。它只是创造了一个希伯尔无法抢夺的新品类。新品类使人们看到旧品类存在的问题，所以部分希伯尔客户转移到新品类——然而，大量的 Salesforce 客户是买不起或用不好旧式 CRM 软件的新客户。希伯尔也许依然主宰旧品类，但是 Salesforce 推出的新品类动摇了希伯尔主宰的旧品类的地位。这也许听着绕口，却说明了因果关系——你创造了新品类，如果这瓦解了旧品类，也是顺理成章的。

2005 年 9 月，甲骨文以 58 亿美元收购了受损的希伯尔。2015 年早期，Salesforce 市值约 480 亿美元，雇员达 1.6 万人。它在旧金山举办的梦想力年度大会吸引了大约 18 万人——旧金山最大的年度盛会，方圆 50 英里的酒店都因此受益。（为了 2015 年的梦想力大会，Salesforce 把一艘游轮停靠在码头，这样参会人就可以住下，然后大谈梦想。）精明的人再也不会购买 CRM 软件了，基于云的公司应用也成了商业的一部分，贝尼奥夫把已见变成了共识，Salesforce 也成为现代最伟大的品类王之一。马克和琳恩·贝尼奥夫给儿童福利院的捐款超过 2 亿美元。Salesforce 基金有 2 000 万美元的公益预算。无论最终公司会发生什么，马克·贝尼奥夫都会在结构品类设计中心遇到他的克星。

品类设计的勇气

品类设计不适合胆小鬼。根据定义，品类设计意味着走向未知。它需要你完全相信某个别人尚未发现的品类。你正在创造自己想要的未来，而不是别人描绘的未来。你会遭到消费者、分析师、媒体和雇员的质疑。竞争对手会模仿你。但是你必须有坚持下去的魄力。就像文洛克创投的布莱恩·罗伯茨对我们说的：要想成为品类王，必须能忍受孤独。品类王没有模板。如果你正在用从别处学来的模板，那你其实是个追随者。[13]

一次又一次，埃隆·马斯克在品类、企业和产品建设上展现出极其非凡的魄力。用可重复使用的火箭把人类送上太空，在这看上去毫无可能时，他计划创办私人太空公司。如今，太空探索公司（SpaceX）是这个非常重要的品类中的王者。同时，他又对用电动车打败传统汽车的想法着迷——又是一个在当时看来很疯狂的想法。今天，我们有了特斯拉电动车。这个想法现在看来可能是难以置信，可在初期马斯克因此被当成笑话——一个不可能成功的梦想家。仅仅是坚持下去，就需要极大的毅力。

我们想突出马斯克做出的一项重要决定，它体现了设计和发展一个新品类需要怎样的勇气。2014 年，马斯克公开了特斯拉的专利。打造品类时，如何看待知识产权？需要怎样的勇气？马斯克的决定为此写下了生动的注脚。

在商业领域，专利是神圣不可侵犯的，尤其是在技术行业和医药行业。申请专利是一种保护——既能成为置敌人于绝境的围墙，也能成为攻击竞争对手的武器。同样，专利还是赢利的核心，其他公司如果使用就需要支付专利费。因此，专利明显对其所有人有利，还能阻止竞争对手和其他实体进入相同的领域。威睿就是个好例子。威睿产品迅速带动威睿公司火起来，但威睿的专利阻碍了微软这种强大的公司推出竞品——至少时间上足够让威睿成为无可争议的品类王。但是，特斯拉在 21 世纪初面临的问题不同。它打造了一个新品类并成为王者，但这个品类发展缓慢。一款软件能通过云立即传送到世界各地，但电动汽车不行。汽车不但昂贵，而且制造和配送耗时。一家小公司没有能力推动电动汽车市场爆炸性增长。2014 年，电动汽车在整个汽车市场的份额仅为 1%。特斯拉需要外援，它只有邀请竞争对手参与电动汽车建设，才能带动电动汽车销售，才能建构一个包括充电站和维修店等所有必要元素在内的生态系统，才能形成一个让特斯拉主宰的品类。马斯克明白，品类发展了，特斯拉电动汽车的市场需求才会上涨，即使这意味着帮助竞争对手。只要成为品类王，这个新兴品类的众多利益都是特斯拉的。

因此，马斯克决定公开特斯拉的多项专利。为了解释这个决定，他写了一篇博客。马斯克写道，专利只会"阻碍进步"。通过开放专利供其他公司使用，特斯拉希望其他公司能更轻易地制造出伟大的电动汽车。"我们相信，特斯拉、其他公司制造电动汽车和全世界都会从一个共同的、迅速演进的技术平台受益。"马斯克写道。为了显示他的决心，马斯克要求把挂在特斯拉总部墙上的镶了外框的专利证书取下来。[14]

为了打造他的品类，马斯克直接站到传统观念的对立面。因为他知道，一个强势的品类是特斯拉获得长期成功的关键。这就是我们所说的魄力。CEO 必须拥有这样的魄力，也能为公司的其他人注入这样的魄力。

在技术领域，品类创造的速度前所未有。品类王出现的速度前所未有，它占据了所属品类的大部分市场份额。如果你不是品类王，甚至排名第二，你能从中分得一杯羹就不错了。这等于当品类以 120 千米 / 小时的速度划双黑钻雪道时，还让品类王在滑雪板上前倾。一家企业应该完全拥抱成为品类王的冲动，因为组织的每个部分都牵涉其中，每一个部分都必须同时以最快的速度行动。

　　因此，品类设计必须由 CEO 之类的领导推动。这是首席营销官、产品设计总监或者其他部门负责人无法替代的。这个领导人必须对品类有信念，进而影响其他人，否则努力就会白费。我们相信，就像现在聘请用户体验设计师和产品设计师一样，企业将来也会聘请品类设计师。品类设计师可以为品类和公司设计方案，但即便如此，CEO 必须主导它的实施，因为这个计划涉及内部的许多部门。我们和一些 CEO 之类的领导不完全接受品类王思维的公司合作过，[15] 努力不可避免付诸东流。

　　我们发现，对于企业家来说，一直运用品类思维并不容易。根据定义，市场尚不存在。因此，致力于创造全新品类的风险很大。你必须看到别人尚未看到的东西。如果你不能让潜在投资人、雇员或消费者同时看见，他们同样不会想和你的公司有任何瓜葛。相应的诱惑是，选择一个成熟的品类，然后追逐一点点成就。这样做，你能获得小成功。也许，你能通过一款有新特征或改良过的跟风产品拿下品类的一个小角，最后把公司卖给谷歌或脸书，这在大多数人看来就像中了彩票一样。你拿走 100 万美元，公司变成别人的，没有人记得你做过什么。如果那就是你，你应该从冰箱里拿出一瓶啤酒，走到郊外，买一匹野马，享受生活。我们会尊重这种选择。但是，你不妨放下这本书，因为你不是我们的读者。

　　但如果你认为，最好的战略是竭力提高成为品类王和不倒翁的概率，那我们继续。

第二部分

品类王脚本

第 4 章

如何发掘新品类

洞见的启示

我们在前面说过，失败是特点，不是问题。你能从失败中学到很多。[1]在职业生涯早期，保罗·马蒂诺经历了品类发现和设计的滑铁卢，从未来潜力的角度看，你可以想象代价之大。2003 年，马蒂诺和马克·平卡斯（Mark Pincus，2007 年创办社交游戏公司 Zynga）及瓦莱丽·塞姆（Valerie Syme）共同创办了 Tribe Networks。部落网是早期的社交网络之一，与 My Space 同时成立，比脸书早一年。最初，Tribe Networks 看好网络正在创造新的社交方式，这在大方向的把握上当然是正确的，但是，它难以找到定义和发展这个空间的方法。Tribe Networks 一直根据用户的要求改善产品和体验——换句话说，让消费者设计品类，这多半不是明智的做法。部落网在市场上的吸引力不大。最终，脸书定义并主宰了社交网络品类，成为有史以来最伟大的品类王之一。Tribe Networks 则消失在黑暗中。马蒂诺现在说："那段日子是我创业生涯中最痛苦的时光。"[2] 在本书创作时，脸书市值达到2 300 亿美元，和沃尔玛不相上下。

不管怎样，马蒂诺继续创办了若干公司。2010 年，他创办投资公司，取名候补资本。这家公司在硅谷找到了商机，投资那些获得了早期种子轮投资，尚未获得风投机构 A 轮投资的公司。候补资本的名字暗喻了它的策略。"有点儿像中继投手，出现在首发投手和结束投手之间。"马蒂诺说。候补资本的投资非常成功，部分要归功于马蒂诺在 Tribe Networks 得到的品类教训。他寻找那些有疯狂独特的想法却得不到共鸣的公司。不过，他必须看到这家公司有把想法转化成品类的决心。

每个月的第三个星期五，候补资本会开一个例会，名叫Fullpen。这是找到那些目标公司的一个步骤。候补资本的合伙人和受邀客人，大约 12 人围坐在会议桌前。在几个小时的会议中，会有两三个创业者进来阐述自己的想法。有些创业者只能得到忠告，少数能获得候补资本的投资。

戴夫（本书的作者之一）是 Fullpen 会议的常客，在那里他渐渐被当成品类专家。创业者一般都比较年轻，面对潜在投资人十分紧张。他会向创业者提出三个问题，它们被称为"戴夫的三大问"[3]：

1. 你能不能像给一个 5 岁小孩讲述一样，告诉我你正在解决什么问题？

2. 如果你的公司成功地解决了这个问题，那么它属于什么品类？

3. 如果你的公司占有上述品类 85% 的市场份额，那么你的品类潜力有多大？

许多创业者带着自认为非常有趣的洞见和信念走进 Fullpen 会议室。他们说的可能是某种尚不存在的服务，也可能是某种技术进步，可以做过去做不到的事。但是，能回答"戴夫三大问"的创业者很少。"戴夫三大问"好似 Fullpen 会议室的陷阱，创业者总是栽在这儿。[4]

Fullpen 的与会人员需要了解——确切地说，世界需要了解——创业者的想法。这是"戴夫三大问"提出的意义所在。你正在创造的事物是不是只是很棒而已？它的特色是不是已为别的品类所有？它能不能发展出属于自己的关键的、有活力的品类。一个孤立的市场洞见并没有太大价值，它必须能带你找到与你能打造的企业和产品相匹配的品类。

当然，你必须从市场洞见开始。那么，你怎样获得好的洞见呢？

市场洞见

大多数最佳洞见源自我们所说的"空白"。大体来说，某人发现世界上缺少某件事物，于是他带着使命感去填补这个空白：谷歌的拉里·佩奇觉得自己必须利用超链接改进搜索；为了方便结识女孩，马克·扎克伯格必须创建在线版哈佛新生脸书；受北极人冻鱼的启发，克拉伦斯·伯宰觉得必须把冷冻食品带给大众；杰克·奥尼尔（Jack O'neil）总是说他必须发明冲浪防寒服，因为他要延长人们在冷水中冲浪的时间；莱斯·保罗（Les Paul）认为他必须发明电吉他，人们才能听见他的音乐；"我过去常常吹口琴、弹吉他，"保罗曾经对一位采访者说，"有一次，我在一个位于停车场里的烧烤店演奏，一个人告诉我，'你的口琴吹得不错，但是你的吉他声音不够大'。明白了这一点，我便开始考虑如何制作声音更大的吉他。"[5]

我们获得的某些有关洞见的最佳见解来自 Floodgate（水闸资本，一家专注早期投资的公司）和它的负责人安·缪拉－高（Ann Miura-Ko）和迈克·梅泊思（Mike Maples）[6]。他们要的是市场洞见或技术洞见。其逻辑如下：

市场洞见包括发现整个世界的"空白"并相信有技术填补之。莱斯·保罗具有独特的市场洞见，他意识到有人需要声音更大的吉他，认为有办法满足这个需求，并且深感自己必须这样做。他先看到需求，然后寻找满足需求的方法。类似的是，优步创始人具有独特的市场洞见，即发现打车市场的"空白"并相信有办法填补之。

你怎样才能获得这种市场洞见呢？许多伟大的市场洞见源自一个人的见识、激情和机缘。停车场里的某个人告诉莱斯·保罗，他听不见吉他弹奏的声音，这就是机缘。埃文·斯皮格尔（Evan

Spiegel）和 Snapchat 的故事背后则是见识和机缘的结合。斯皮格尔成长于南加州一个有权势的家庭，他的父母都是身居要职的律师，他是家中的长子。到斯坦福读书的时候，他还只是玩单板滑雪、开宝马的"高富帅"，《明星伙伴》（*Entourage*，美剧）的剧情就是他生活的写照。显然，这种男孩经常收到女孩发来的私密照片，这令他意识到一个市场空白：人们需要能自动销毁已发送图片和文本的服务。在斯坦福，他浸泡在学校的计算机科学和创业氛围中，理解新技术的潜力。因此，他实施了销毁照片的创意，最初起名 Picaboo。Picaboo 不久更名为 Snapchat，斯皮格尔的市场洞见终于发展为成熟的媒介资产，具有数十亿美元的商业价值。[7]

Flipkart 的市场洞见是文化、地缘和技术相结合的产物。2007 年，亚马逊在全球发展态势良好，却在印度受挫。在印度，法律不允许亚马逊把商品直接卖给消费者。因此，从远方邮寄一本 10 美元的书，运费就高达 9 美元。邮政服务又不可靠，大量的潜在客户不是没有信用卡就是没有在线使用信用卡的习惯。FlipKart 公司的两位创始人萨钦·班赛尔（Sachin Bansal）和宾尼·班赛尔（Binny Bansal）都毕业于著名的印度理工学院德里分校（IIT-Dehli），曾经在印度为亚马逊工作。因此，他们非常清楚亚马逊在印度发展的瓶颈——也看到了巨大的机会。他们有了自己的市场洞见：印度需要独特的网上零售商。于是，两人创办了 Flipkart，建立了符合本土文化的仓储和配送系统。数千名 Flipkart 快递员把商品装进双肩包，骑着摩托车穿过印度永远拥堵的城市街道。他们在向消费者当面交货时收取货款，完全绕过了信用卡。这种服务在印度消费者中流行起来。2015 年年中，Flipkart 融资时获得 150 亿美元的估值。"一个为印度消费者提供定制服务的简单想法，其发展成果超出了我们的预期。"萨钦·班赛尔告诉《印度教徒报》(*Hindu*)。[8]

马克·贝尼奥夫和杰夫·贝佐斯追求市场洞见更有方法。如我们之前所说，贝尼奥夫曾经在甲骨文专攻软件领域，对 CRM 软件了如指掌。对他来说，CRM 的缺点正是行业的"空白"。他把新生的互联网看成能用来填补空白的技术。贝佐斯也意识到互联网会成为规则改变者，虽然起初他并不确定什么规则会被改变。1994 年在华尔街工作时，"我偶然发现网络使用量的年均增长率高达 2 300%"，他告诉我们，"我从没见过什么东西的年增长率能达到 2 300%，所以对我来说，问题在于，在这种增长环境下，什么样的商业计划有意义"。他列出一个清单，上面是 20 种能通过邮购实现大量销售的商品，并一一加以研究。书是其中一项，贝佐斯发现书有一个有趣的特点：没有一家书店的销售品类能超过 10 万种，但已出版的书却有数百万种。他可以利用互联网开世界上最大的书店。1995 年亚马逊网站上线时，它销售的图书品类达到 100 万种。贝佐斯通过逻辑分析获得了市场洞见。[9]

当然，回过头去看，这些市场洞见似乎很明显。但是在当时，它们并不明显。电吉他、邮寄 DVD、冲浪防寒服或网上书店的市场前景并不明朗。没有人知道这些创业者能通过研发技术、创办企业和打造品类把市场洞见付诸实践。这是市场洞见的另一个陷阱。当你捕捉到机会时，它显得有点儿疯狂，还没有成为人们的共识。你得把它变成共识，你得在没有人看好它的时候坚持己见。

技术洞见

技术洞见一般来自科学家或工程师。所谓的"空白"完全是技术本身的。发明者发现创造新事物的方法，通常希望用新发明解决已知的重要问题。"技术并不总是转化成生产力，"缪拉·高告诉我们，"技术可能是寻找问题。"[10] 威睿创始人具有技术洞见。在还没搞清虚拟化能解决什么问题的时候，他们就知道如何虚拟化。伯宰的成功就源于技术洞见——速冻鱼类的方法。贝尔的电话、莱特兄弟的飞机、巴基球和人类基因组测序等发明都源于当时尚未转化成生产力的技术洞见。

Skype 或许源自最离奇的技术洞见之一。故事从 1999 年开始，来自瑞典的尼可拉斯·詹斯特罗姆（Niklas Zennstrom）和来自丹麦的杰纳斯·弗里斯（Janus Friis）从一家瑞典电信公司离职，开始做一件本质上违法的事：运营文件共享网站 Kazaa。你也许记得，Kazaa 和 Napster 都是早期被指控窃取录制音乐的网站。詹斯特罗姆和弗里斯不在阿姆斯特丹工作，Kazaa 主要由远在爱沙尼亚的雇用程序员建设。到 2001 年，许多政府机构和音乐工业机构致力于关闭 Kazza 并起诉詹斯特罗姆和弗里斯。为了保护自己，詹斯特罗姆和弗里斯把 Kazaa 的所有权转移到太平洋岛国瓦努阿图（Vanuatu）。瓦努阿图靠近澳大利亚，因为一种名为"陆跳"的传统文化活动而出名。然后，两人意识到，Kazaa 背后的技术另有他用。经过头脑风暴，他们发现这种技术能解决国际长途太贵的问题——利用网络使全球语音沟通免费。这次还是由埃塞俄比亚人写代码。2003 年，詹斯特罗姆和弗里斯在网上发布了 Skype。到 2010 年，Skype 在全球拥有 6.6 亿用户。[11] 两个"海盗"找到了降低成本、增进国际交流的途径，使几亿人受益。2011 年，微软以 85 亿美元收购了 Skype。

技术洞见是皮克斯的起点，它从未转化成重要的品类。但是，经过一段时间，皮克斯利用它找到了正确的品类。艾德·凯特姆（Ed Catmull）是一位从小就爱看迪士尼动画的计算机专家。他认为可以用电脑制作动画——他从进犹他大学起就开始追求这种技术洞见的实现。不过，一开始他以为自己的品类是动画制作电脑——他公司的第一款产品是皮克斯图像电脑。他计划向电影制作人销售这些电脑。1986 年，史蒂夫·乔布斯收购了皮克斯时，他觉得自己买的是一家电脑公司。事实证明，这是笔糟糕的交易。只卖出了 300 台皮克斯图像电脑的皮克斯陷入危机。凯特姆的合作者约翰·拉塞特（John Lasseter）是一个富有创造力的人，曾帮皮克斯制作过电影样片。在皮克斯前景一片黯淡的时候，拉塞特提议皮克斯用自己的技术制作自己的电影。第一部标准长度的电脑动画是 1995 年上映的《玩具总动员》(*Toy Story*)。从此，皮克斯走上成为史上最有影响力的电影公司之一的道路。皮克斯找到了将技术洞见变成生产力的途径，在电影领域创造出重要的新品类。[12]

最后，只有当一个市场洞见或技术洞见的发展能很好地回答"戴夫三大问"：**能不能告诉我你正在解决什么问题？**要创造品类，这个问题必须是人们没有意识到存在或者能解决的。**如果你的公司成功地解决了这个问题，那么它属于什么品类？**这个品类必须是前所未有的，而你有能力创造它。它必须是尚无共识的，否则你就只是追随者。**如果你的公司占有上述品类 85% 的市场份额，那么你的品类潜力有多大？**这个回答告诉世界，你的公司能发展到多大，又能变得多重要。你的公司是第一阶段的皮克斯，手中的 300 台机器具有品类潜质？或者你的公司是第二阶段的皮克斯，具有主宰全球电脑动画电影品类的潜质？这一品类过去不存在，经过几十年的发展，现在价值亿万美元。

品类洞见

创业者可能很擅长提出市场或技术洞见，但是能采取下一步行动并发现符合洞见的品类的人非常少。他们似乎坚信，一旦世界看到了他们的新产品，便会"明白"。因此，这些发明者将品类的事交给运气。历史告诉我们，同时是品类设计者的创业者通过系统化发掘品类可以提高胜算。

我们将和你分享，我们如何帮助一家企业找到自己的品类。不过，我们没有说这是唯一的途径。我们说的是，经历这样的过程非常重要，要从内外两个方面做研究，像品类王那样思考。我们不是魔术师，不能找出一个"空白"，然后把它和某个品类关联——我们带创业者和执行官完成能帮助他们找到"空白"、创造品类的过程。我们的目标是由他们引导市场，像创业者那样看到"空白"。如果世人同意他们的观点，便会真的要求品类王提供解决方案。

为了让你们了解这个过程，我们想向你们介绍 Origami 及其 CEO 厄弗尔·卡亨（Opher Kahane）。2012 年，他和奥弗·谢克德（Ofer Shaked）、阿龙·阿密特（Alon Amit）共同创办了一家公司。卡亨和谢克德在以色列曾经一起上学。三人都曾在以色列的国家安全部门工作，因而受到这类机构常有的密集训练：海量数据采集、解析学和情报工作。结束军事服务后，卡亨参与创办了 VocalTec，这家以色列企业是第一批把语音电话放到网上的公司之一。[13] 之后，他搬到美国，创办了另一家网络语音公司 Kagoor Networks，2005 年被 Juniper Networks 收购。同时，谢克德设计出 Yahoo Answers（雅虎知识堂），阿密特获得数学博士学位并先后进入谷歌和脸书工作。当他们聚到一起创办 Origami 时，都还只是创业新人。事实上，如果你查看 2012 年媒体对 Origami 获得第一轮融资时的报道，你就知道投资人看中的是团队而不是因为他们能清楚地回答"戴夫三大问"。Techcrunch（知名科技博客）报道 Origami 获得由 Accel Partners（知名风投公司）领投的 A 轮 930 万美元融资时写道："据合伙人杰克·弗劳门伯格（Jake Flomenberg）介绍，Accel 和其他投资人看中的是卡亨与他的联合创始人共同的成功创业经验。"[14] 换句话说，Accel 在说："我们投的是团队，不是创意。"

　　一开始，Origami 说自己是一家营销情报（Marketing Intelligence）公司。目前，营销市场领域广阔而混乱，有许多不同类型的公司。"营销情报"当然不是一个品类，更没有所谓的品类王。Origami 说自己是营销情报公司，就像一个专门写 18 世纪英国皇室的历史小说作者说自己是作家一样。在混乱的营销技术领域的一角，Origami 的营销技术建立在创始人从以色列情报机构学到的海量数据采集的基础上。Origami 的系统采集和解析网络上各种市场信号和声音，包括：交易、页面访问量、推文、视频游戏、社交网络上的对话，以及媒体或任何地方有关某个产品的言论。卡亨把 Origami 描述成一个"市场人员的控制塔"。他还说："我们的平台采集一切市场人员关心的数据，以一种对他们有用和有价值的方式降低获取难度。"这个系统很复杂，涉及数据存储、解析学、商业信息可视化和用户界面。卡亨说，这种用户界面和 Facebook 的种子一样，能采集你的市场的实时数据。[15]

　　卡亨的描述并不能让 Origami 显得特别，或说明它有某种独特的方法能解决某个独特的问题。2012 年这家公司因为一种技术洞见而成立——这几个人知道如何利用自己的数据科学经验，发展出与市场数据相关的技术。这是以前没人能做到的。但是，直到 2015 年，他们都需要把自己的技术洞见和一个他们能主宰的品类关联起来。否则，他们就可能湮没在无数围绕潜在消费者周围的营销技术产品和服务中。卡亨在寻找一种识别和定义参与度的方法。这从定义问题和定义解决途径开始。

品类设计从发现开始——通过和该团队进行一系列的对话、访谈、白板会议或茶歇，发现那些关键的洞见。其实，洞见一直都在那儿，只是有时候埋没在大量日复一日的细节中，可能需要数周才能被发现。有时候，洞见就在表层。你要做的就是认出它，倾听它，推动它确保你看到它时真的能认出它。这是真正的品类设计的第一阶段，把洞见转化成有价值的品类计划、引人入胜的故事和引导市场的行动方案。

让我们从 Origami 的品类发现工作说起。

我们的工作是帮助该公司杰出的技术专家和企业家理解他们已经知道的东西。在 Origami，我们首先面谈了一组精选的人员，包括高管、董事会成员、领导者和外部顾问。每次面谈通常在 45 分钟到 1 个小时之间。我们会向他们提出一系列特定的问题，让他们从 11 个不同的方面谈论公司，包括以下几个方面：

愿景使命：最初是什么市场或技术洞见让你创办了这家公司？

消费者：你觉得谁会购买这种产品或服务？谁会用？

问题陈述：你觉得你能为潜在的客户解决什么问题？

使用案例：人们用这种产品或服务解决问题的具体方式有哪些？

产品或解决方案：详细介绍解决方案背后的技术——它现在有什么用？它还能有什么别的用途？

生态系统：多数情况下，同时还有其他企业与解决该问题或增加附加值相关。围绕问题和解决方案，这些企业构成了一个生态系统。这些企业有哪些？一家企业在生态系统中影响的控制点是什么？

竞争：谁也在试图解决这个问题——或者说，如果还没有其他人发现这个问题，一旦你明确问题，谁可能加入到解决问题的竞争中？

商业模式：你的产品或服务将如何为消费者改变商业？它能显著地提高他们的投资回报或者降低成本吗？或者它能使他们做一些之前的技术无法实现的事情，创造出更高价值吗？

销售和进入市场：企业公司应该说清楚，产品或解决方案如何进入市场。通过销售人员、分销商，还是两者兼有？对消费者来说，用户如何发现你的解决方案？通过应用商店、搜索、病毒性营销、黑客技术、广告，还是公关？

组织：公司如何组织？谁是公司的意见领袖？决定是如

何做出的？什么样的企业文化能奏效？

资金策略： 下一步的融资策略是什么？私募？上市？在需要更多资金之前，公司有多少方向？哪种资金适合实施品类战略？

这些是我们在企业内部调研提出的问题。但是外部调研也同样重要——在企业周边领域。对 Origami 来说，这意味着调查整个营销技术领域。哪些品类已经存在？谁做得好？谁做得不好？有人做得好吗？谁是意见领袖——分析人士，博客写手，媒体，投资人？他们怎么说？我们发现 Origami 周边的营销技术空间乱作一团。任何公司都不应该说自己所属的品类是营销技术。那甚至不是一个品类，而是一群醉汉扎堆儿的免费酒吧。

Origami 需要设计出以它的技术洞见为中心的品类。这个品类必须与公司发展的文化和能力高度匹配。这个品类需要让 Origami 鹤立鸡群。最重要的是，这个品类需要和它要解决的问题明确地捆绑在一起，而这个问题又必须是潜在消费者不知道或者以为无法解决的。发现问题和品类是强迫公司深入、细致地考虑自己和所处的环境。这有点儿像把公司放在心理医生的沙发上，让病人面对自己生命的细节。通常，人们相信伟大的产品会说话，所以急于打造和发布产品。我们发现，发现问题和品类与通常的做法在根本上存在不同。

当 Origami 经历这一过程时，它开始明白如何将自己的技术洞见与某个独特的问题结合起来。公司必须理解自己需要创造的 from/to。第一步涉及识别消费者——公司里什么人真的关心这种营销技术？通常是分析部门的头儿、负责数字营销的人，以及首席营销官。这些类型的消费者从哪儿来？ Origami 想把他们转移到哪儿？换句话说，他们不知道或以为无法解决的问题是什么？如果有了解决方案，他们的世界看起来会怎样？大多数时候，有关 from/to 或 frotos 的讨论变得热烈，最终会产生对消费者的理解和关于未来的共同愿景。

在 Origami，Frotos 讨论的成果是品类草图。Origami 发现它的技术洞见能把营销评估从艺术变成技术，从解释变成事实，从滞后的电子表格报告变成实时报告。它能解决信息不清晰的问题，将信息变得清晰而具体。然后，对话转向如何利用这些特性定义一种品类。

为品类命名，既是艺术又是技术。许多公司聘请品牌设计机构为自己挑选能代表自家产品或服务的 3 个字母的字首组合词。但是命名品类需要进行更严密的思考。这不同于为你的猫命名：“我喜不喜欢这个名字？”正确的思路会引出有助于设计和主宰新品类的名字。这个名字将表明公司的战略，而不是反过来。品类名称应该描述被解决的问题的本质。对于瞄准企业客户的公司，品类名应该针对存在问题的商业功能。理想情况下，一个品类名将成为每家公司预算表中的排列项。面向消费者，公司需要一个直接和描述性的品类名，如“社交网络”或“按需运输”。

在选择正确的词汇表达所有正确的特性时，品类命名的艺术开始发挥作用。

在 Origami，团队纠结于互相矛盾的命名方向。一方面，他们希望把品类做得非常实用。另一方面，他们想让品类听起来很熟悉，让它接近现有的解析学和信息技术。这样，消费者才能感到安心，不会觉得 Origami 的解决方案不现实，不是科学而是科幻。然而，无论如何，这个品类必须去除污点技术的杂音，通过营销新规则创建优势。

因此，我们设法帮 Origami 起一个既能代表野蛮生长的营销平台又符合营销官需要的品类名。营销官必须在日益复杂的产品和矩阵组织中发起活动。我们想到的第一个名字是"营销渠道评估与分析"。

Origami 讨厌这个名字。他们讨厌"渠道"和"分析"这两个词，希望让名字听起来更有远见。讨论变得更加激烈、情绪化——这都是好的。一个热烈的对话是，好事最终是如何发生的？Origami 团队把讨论搁置了几天，以便各种想法得到充分理解。经过一周的讨论，更好的名字出现了：Origami 把新品类命名为"营销情报评估"。这个品类名意在把"营销情报"这个新事物具体化，即从数字领域的每一个角落中把"营销情报"挑选出来。如果市场人员想评估营销情报，他们会给谁打电话？很可能是首先定义营销情报和确定评估方法的公司——那将是 Origami。

发现和描述品类只是开始。CEO 或者其他领导需要继续向世界推销自己的理念。"布道"很重要。把品类变成长久的现实，确保 Origami 成为品类王，这需要卡亨及其团队的努力（本书写作时，该工作尚未完成）。我们反复强调，品类王必须同时设计产品、公司和品类。关于挑战和责任，卡亨说得非常好。"品类名不会自动发挥作用，"他对我们说，"我们要挑好名字，然后让它发挥作用。"

一旦一家公司发现了自己的品类，它必须在内部完全拥抱这个品类。这个品类必须成为公司特有的一部分。在这个阶段，CEO 变成了首席品类官，他负责说服管理层和员工认可这个品类。任何能引发品类和如何设计品类相关讨论的环节，如办公和用餐，都变得很重要。每个人都要开始认为他们的工作是为了设计出相辅相成的品类、公司和产品。这个时候要留意"Zed"[16]——不认同这个品类，而且会百般阻挠的人。（总有这种人！）高管团队中出现有影响力的 Zed 会浪费时间，进而阻碍品类设计进程。如果你在设计品类时发现公司里有 Zed 这种人，立刻让他走人。以强硬的姿态告诉其他潜在的 Zed：如果他们不支持这个项目，就必须走人。

公司在内化和讨论这个品类时，应该概述它对公司每个部门的意义。它对产品及其特征意味着什么？它对市场和销售意味着什么？它对你的目标投资人意味着什么？它对你可能接触的合作伙伴意味着什么？这是真正麻烦的地方。对品类决策的任何反抗都非常可怕，就像恐怖电影中从碗柜里飞出的黑猫一样。我们会在后续章节详细讨论这个阶段。

这必须非常明确：一旦你找到了自己的品类，它就成为你的指南针。它必须指引你的全部旅程。

品类洞见：与 Origami 不同的故事

为了介绍在资金充足的硅谷创业公司内部发现品类的过程，我们举了 Origami 的例子。我们还研究了一串品类王，看它们是如何从最初的洞见走向发现品类的。品类王也经历了某种从洞见到品类的过程，但很少是有计划或有章法的。做到的公司非常幸运——有的是有一位自发推动的领导，有的是偶然，有的是源于危机造成的压力或者濒死体验。但重点是他们很幸运。你可以靠运气——或者靠自己，有章法地从洞见走向品类，增加胜算。

当过程更混乱时，品类发现的情形是怎样的？我们有机会咨询爱彼迎的 CEO 布莱恩·切斯基，了解他的公司从洞见到品类发现的过程。爱彼迎最初的市场洞见非常无关紧要，它能做大是个奇迹。2007 年，切斯基和他的室友乔·杰比亚（Joe Gebbia）住在旧金山，他们几乎租不起房。当小镇承办重大会议时，当地所有酒店的价格都会上涨，房间会被参会人员订光。切斯基和杰比亚便买了三张充气床垫并在网上发布信息：晚上提供床垫，早晨提供早餐。充气床垫和早餐加起来就是 Airbedandbreakfast——

Airbnb 的全称。他们的市场洞见是，他们可以在不同城市承办重大会议时出售人们家中多余的空间。切斯基和杰比亚引进了第三个合伙人，南森·布莱查兹克（Nathan Blecharzyk），2008 年他们上线了爱彼迎网站，最后名字缩写成 Airbnb.com。

　　"开始做爱彼迎后，有段时间我们不确定自己属于什么行业，"切斯基告诉我们，"我们觉得自己有点儿像空间集市。"17 公司业务开始扩张，不只在大型活动时出售充气床垫，他们还创办了一个网站，人们可以在任何时间、任何城市找到住处。整家企业有种慵懒、共享经济和千禧一代的风格。一个非主流的、围绕线上"沙发客"的小品类偶然形成了。几年后，爱彼迎基本上顺其自然，在看不到终点的情况下按部就班行进。如果人们想通过爱彼迎租沙发，也许他们也想租一个多余的房间。Boom——想对了。租下整间公寓或房子怎么样？ Boom——又想对了。出租的人从挣啤酒钱的大学生扩展到出租多间空房的房东。2013 年左右，在漫无目的的发展中，切斯基意识到他没有主宰自己的品类。他没有一个好故事。因此，爱彼迎生态系统中的每一个人——雇员、投资人、房主、消费者、分析师和媒体——对爱彼迎的定位和发展方向看法各不相同。"我记得，圣诞之后，我正在研究招待，"切斯基说，"然后渐渐明白，'天哪，我们是一家招待公司'！"如果你查"招待"，你谈论"招待"，它的意思是欢迎某个在你家里的人。

　　但是光凭爱彼迎声称自己属于"招待"业是不行的。首先，那算不上一个品类。这和 Origami 不想成为"市场营销技术"公司的原因一样。爱彼迎作为一个招待公司会迷失，还会有轻率进入酒店业的风险。如果大众认为爱彼迎在和酒店业解决同样的问题——旅行时的住处——那么爱彼迎看上去总是现有酒店业之外的第二选择。

因此，切斯基一直在思索。"招待是酒店做的事，我们在爱彼迎做的事是完全不同的，"他说，"不同之处在于，我们通过社区进行招待，所以我们是一个社区主导型招待公司，这正是我们的发现。有了这个发现，我们思考问题的许多方式完全改变了。"现在，"社区主导型招待"也许不是地球上最贴切的品类名称，但是仍然——有品类、目标和使命的意味——对爱彼迎意义重大。它聚焦公司的生态系统，给公司一个独特的方向。它促使大众看到爱彼迎正在解决一个特别的问题：当你住够了千篇一律的酒店，想要一个不同的、不拘一格的、社交性更强的住所时，去哪儿？爱彼迎火了。到 2015 年，它拥有的房间数量超过了任何一家酒店公司，估值达到 240 亿美元。[18] 爱彼迎对品类的统治力极强，它成了整个品类的代名词。

爱彼迎从市场洞见到定义品类再到展示自我的过程和大多数品类王相似，尽管它没有经历有序的过程，但至少切斯基明白，它必须经历某种深刻理解公司和领域的过程。爱彼迎必须发现并明确表达它在世界上应有的地位。每一个品类王都必须这么做，有无数种方式能做到。根据我们的职业生涯和研究的其他公司的成功经验，我们总结出自己的方式。我们试图帮助创业者、投资人和经营者把无序、偶然的品类发现变成任何人都能采用的有序过程。

发现正确的品类很难，一旦错了却代价高昂。但一切都是从那个发现开始。在你能回答"戴夫三大问"之前，什么都没用。一旦你答上来了，你就可以着手设计激发市场前景的产品、公司和品类了。

独角兽品类发掘与表述指南

第一步：从"谁"开始

第一问：谁来领导发现与命名品类的过程？创始人或 CEO 当然要对这件事全力以赴，但在大多数情况下他们并不是实际做这件事的最佳人选。因为对自己进行精神分析很难。让一个创始团队后退，抛开权力制衡、产品特征和情感等因素，用新理念看待自己的公司很难。这也是为什么 Macromedia 的 CEO 会请阿尔、戴夫和克里斯托弗从外部进来评估公司的"一堆门把手"进而创造出品类。我们并不是劝你聘请我们公司——正如我们在简介中所说，我们写这些不是为了打造一个巨大的银河系咨询灾星。（那将是我们的噩梦！）我们说的是，你可能需要把这项工作交给某个能带来新理念的个人（或小组），无论他是局外人、新的董事会成员、新聘用的经营者，还是品类设计公司。

在一个既有的成功的大公司，大多数经营者都是靠不把事情弄糟获得报酬的。他们并不是因为发现和实现品类潜力获得酬劳的。[19] 在创业公司，为了维持公司运转，创始团队常常一周疯狂工作 80 个小时——它们没有时间和精力来做这件事。而且做这件事需要时间——不仅仅是经历整个过程，还要思考。

所以说，第一步就是，想清楚从谁开始。

第二步：调研

一旦你选定某人做这件事，就让他与公司的每一位高管、关键董事会成员和外部顾问面谈。外部调研也很重要。整合分析报告，上网搜索，看媒体是如何描述相关领域的。不过，消费者导向的小组要放在一边。在设计新品类时，消费者的意见可能非常致命。因为新品类是没有获得共识的，而消费者还不知道他们想要什么。如果曼诺依·巴尔加瓦问消费者他们想不想要能量补充液，他们很有可能说不要——或是问："能量补充液是什么鬼？"

正如在本章前面所说，要探索的问题是：

愿景使命：最初是什么市场或技术洞见让你创办了这家公司？

消费者：你觉得谁会购买这种产品或服务？谁会用？

问题陈述：你觉得你能为潜在的客户解决什么问题？

使用案例：人们用这种产品或服务解决问题的具体方式有哪些？

产品或解决方案：详细介绍解决方案背后的技术——它现在有什么用？它还能有什么别的用途？

生态系统：多数情况下，同时还有其他企业与解决该问题或增加附加值相关。围绕问题和解决方案，这些企业构成了一个生态系统。这些企业有哪些？一家企业在生态系统中影响的控制点是什么？

竞争：谁也在试图解决这个问题——或者说，如果还没有其他人发现这个问题，一旦你明确问题，谁可能加入到解决问题的竞争中？

商业模式：你的产品或服务将如何为消费者改变商业？它能显著地提高他们的投资回报或者降低成本吗？或者它能使他们做一些之前的技术无法实现的事情，创造出高价值吗？

销售和进入市场：企业公司应该说清楚，产品或解决方案如何进入市场。通过销售人员、分销商，还是两者兼有？对消费者公司来说，用户如何发现你的解决方案？通过应用商店、搜索、病毒性营销、黑客技术、广告，还是公关？

组织：公司如何组织？谁是公司的意见领袖？决定是如何做出的？什么样的企业文化能奏效？

资金策略：下一步的融资策略是什么？私募？上市？融

资之前，公司有多少跑道？哪种资金适合执行品类战略？

当访谈和调研结束时，访谈人或访谈小组应该整合记录和事实，通过前瞻性的思考，促进对品类和品类名称的讨论。

第三步：研讨会

下一步是和 CEO 及领导层开研讨会。品类王研讨会一半是培训，一半是参与讨论。我们建议用一整天时间集中讨论。

培训是交代背景，应该向众人介绍情况。每个人都需要明白，为什么品类是新战略，为什么在当代必须成为品类王。他们还需要明白，公司尚未通过找到有待解决的新问题去改变的大环境是怎样的。

剩下的时间，鼓励热烈的讨论。议题应该按顺序讨论：

消费者是谁？

分辨你正在服务的人群和你真正想服务的人群。说说他们是谁，从事什么工作，为什么他们可能想买你的东西。

他们尚不清楚或无法解决的问题是什么？

这开始需要点儿想象力了。想必，如果你走到这一步，你已经确信自己有某种市场或技术洞见——所以你看到潜在消费者尚未发现的某个问题。你如何从消费者的角度阐述自己的洞见？什么会让他们赞同你的观点？

from/to？

一旦你找出了问题，解决方案是什么？消费者从拒绝老办法到接纳你的新办法要经历什么样的过程？

新东西是什么？

如果那些是 from/to，那么每个人或企业弃旧迎新所必需的新事物是什么？ Origami 找到了"营销情报评估"，爱彼迎找到了"社区主导型招待"，莱斯·保罗找到了"电吉他"，你找到了什么前所未有但你的消费者会觉得不可或缺的东西？

这种研讨会的两大好处是：第一，让领导层聚焦品类设计的核心问题；第二，确保领导层的每个人听到其他人在这些议题上的观点。一个声音压倒其他声音的情况太常见了。研讨会的目的在于确保每个人都表达和参与了。

第四步：命名那个品类

做完上述所有工作后，品类就浮出水面了。对能描述这个品类的词展开讨论，分析这些词对你想影响的消费者会产生什么样的作用。记住，这些词将成为公司的北极星，影响所有部门的策略和行动。用词要简单、有力、清晰、特别。这些词不该是描述你的具体产品——它们应该描述你的产品所属的品类。但是，你的产品应该是这个品类定义的问题的独特解决方案。

试着把两三个词组合在一起——一般不会再多了。团队可能会顿悟，然后敲定一个人人都立刻爱上的品类名。但情况并不总是如此。在 Origami，你可能确定了一个不那么合适的名字。停下来，搁置几天，然后接着讨论。即使是那时候，记住 Origami 的卡亨的话：这个名字可能不是最佳的，但公司有责任抓住选定的品类名并把它优化——让它看上去自始至终不可避免。

第五步：整合

我们把研讨会上的辩论和获得的信息整合到品类设计文件中。文件包含以下议题：

品类格局： 你创造的品类看起来会像什么？它在哪儿适用？

品类生态系统： 消费者、竞争对手、开发商、供应商、分析师、媒体，以及可能涉及的每一个人。

Frotos： 你希望消费者选择的转变路径。

品类名称和描述： 最终版。

新品类介绍： 写出该品类存在的必要性和公司创造并主宰该品类后世界的新面貌。

早期计划草案： 简要陈述公司如何创造并主导品类。

在分享这些文件之前，我们通常需要修改 10 次。在第一轮挖掘这些信息时，我们有意不让执行团队参与，而是在日后的高管会议上向他们介绍情况。会议上，他们的反应都是出自本能的。戴夫负责解读团队释放的各种信号。作为资深的扑克玩家，他擅长解读肢体语言。为了捕捉他们的反应，我们都做了大量笔记。我们还会留意 Zed——看上去故意破坏整个进程的人。整合与展示品类设计文件的目的是改进、确定品类，以便得到充分认可。一旦你投入新品类，便无法回头。你必须破釜沉舟。

在这个阶段，我们常常会发现自己在投资人和董事会面前介绍我们的发现和建议——是在支持现在带头的 CEO。反馈越多，反应越多，改进越多。

最终，经过探索、识别和充分的内部讨论，我们确定了品类。现在，要做的是选择一个理念——讲好品类故事。这个理念将塑造公司战略的指导原则——有点儿像《美国独立宣言》，表明公司坚持的不二真理。

欲知理念详情，请往下看。

第 5 章

战略：理念的力量

快速对比

先来看看坏的理念。很遗憾，1 000 家技术公司中任何一家都有可能选择这种理念：

Mega-Tech-Ding-Dong 集团，总部位于圣何塞（San Jose，美国加利福尼亚州西部城市），是全球领先的开发商和供应商，提供高速、顶级的云基础结构平台应用解决方案，客户近 2 000 家，遍布全球各行各业。Mega-Tech-Ding-Dong 的大数据应用基础结构平台解决方案具有高度的可伸缩性、可靠性、灵活性，功能强大。Mega-Tech-Ding-Dong 由世界顶尖团队打造，深谙全球通信适用标准，在设计、构造和开发标准导向的、开放的、社交的、物联网的、移动的、无线的、有效集合的、分布式的、超融合的计算系统方面，拥有软硬件专业技术。我们的技术利用现有的投资创建解决方案，带来高水平的绩效、投资回报率和价值。

现在，我们来看看好的理念展现方式：

Saleforce 宣称自己为"软件终结者"的展现方式

故事如何成就王者

从荷马的史诗到马可波罗的游记、莎士比亚的历史剧、艾茵·兰德（Ayn Rand）的小说以及史蒂夫·乔布斯的传记，故事一直是推动人类进步的强大动力。故事改变理念，产生影响。当华尔街的交易员在考虑一只股票时，他们经常问："故事是什么？"在寻找风险投资人时，创业者讲出好故事才能获得投资。现在，甚至有工作室提供专门的训练。原始信息入脑，故事则入心。故事能给人留下深刻的印象。几十年来的大脑研究表明，故事比事实的影响力更持久。1969 年，斯坦福一项"用叙述性故事进行系列学习"的研究显示，与记忆随机词汇相比，学生通过故事记住的单词量要多 6~7 倍。[1] 在 21 世纪初，克莱蒙特研究院教授保罗·扎克（Paul Zak）发现，引人入胜的人物故事确实提高了大脑中的催产素含量。催产素是一种产生移情的化学物质，能促进合作与理解——在试着说服别人"非同凡想"（Think Different，苹果公司的广告语）时非常重要。扎克写道："我的实验显示，带有情感色彩的人物故事能更好地传达说话人想表达的要点，也更容易在几周后被回想起来。"对于长期以来商业领域的行为模式，扎克犀利地指出："从效果来看，讲故事秒杀 PPT（演示文稿）演讲。"[2]

这就是为什么品类设计者要讲故事。在获得市场或技术灵感之后，在发现和定义了正确的品类之后，你必须构思一个品类故事，也就是说，你必须有一个伟大的理念。

理念向世界表明你的公司是有使命感的，而不是以竭尽所能赚钱为目标。它构造了你的品类瞄准的新问题，使你成为答案。如果一个人能说清楚你的问题，你相信他一定有解决方案。比尔·克林顿说："你的痛苦，我感同身受。"于是，他赢得了两次总统大选。罗纳德·里根问："你比 4 年前过得更好吗？"于是，他打败了吉米·卡特。政治家精于此道。

一个伟大的理念会把人们喜爱的公司、产品和品类从人们只是忍受的那些里面分离出来。当开始思考理念的时候，你能轻易看到一家有伟大理念的公司和一家没有理念的公司之间的差别。在零售商店，你能感觉到 WholeFoods 有明确的理念，围绕健康美食产品建设。而 Safeway 除了卖食品之外，似乎完全没有理念。

西南航空有明显的理念，美联航则没有。苹果公司有理念，微软没有。[3]

理念引导市场接受并拥护公司的愿景，经历与创始人一样的顿悟。故事引领潜在的消费者开启 from/to 的旅程，他们因而了解缺失的是什么以及为什么你的公司能解决。理念必须改变人们的想法，这样他们才会摈弃旧的思维方式，开始相信新的东西。理念必须在情感层面上打动人们。没人记得你说了什么——但是他们记得你带给他们的感受。那种感受可能是对即将到来的新事物的兴奋，也可能是对错过机会的担心。一些最棒的理念让人们觉得："天哪，我没有！我必须有！"要触动人们的情感，理念必须是人话。它必须简单、直接、发自肺腑。语言很重要！人类历史上没有任何人是被懒散的商业废话感动到哭或笑的。你的商业故事比你的商业实际更重要。听起来太离谱？也许吧，但相关大脑研究证明这是事实。人们与故事产生连接，并且很容易记住故事——即使是那些以分析事实为生的人。

理念讲述的是有头有尾的故事。它向世界表明，为什么这个品类和品类创造者与众不同。一个围绕"更好"构建的理念是把你的解决方案和消费者已经知道的解决方案做比较。"更好"会增强你试图打败的品类王（根据定义，不是你）的力量。如果消费者认为两家公司在争"更好"，他们便会选择品类王——或者在没有明显的王者时选择最低价。一个伟大的理念让你脱离"更好"的战争，进入只有自己的不同领域。

一个执行良好的理念赋予公司一种身份和文化。它变成指引你进行优先级排序的看不见的手。它吸引合适的员工加入公司，引入合适的投资人，构造合适的生态系统——顺便赶走那些不想逗留的人。最终，理念主导了公司的战略。一个伟大的理念指引管理层做出每一个决定和采取每一个行动。理念帮助员工本能地感知怎样做才能与公司的战略一致。最伟大、最长久的公司骨子里有一种理念。

如前所述，根据史上最伟大的理念之一，马克·贝尼奥夫打造出 Salesforce。在大型软件的时代，在云计算发出第一缕微光时，贝尼奥夫大声说，Salesforce 是"软件的终结者"。它是不同的。它是有前瞻性的。它挑战现状。它赋予 Salesforce 把消费者从传统的商业软件中解放出来的使命。它帮助公司获得媒体的关注。除了"终结软件"的口号，贝尼奥夫就 Salesforce 的不同之处构建了一个更深层次的理念。它把 1% 的股权用来做慈善，试图推动一种新的企业责任。它会对社会问题发声。它是行业海盗，挑战传统。"企业无法拥有自己，"贝尼奥夫回忆那些决定时说，"不管怎样，企业能拥有的是个性。"这种个性决定了行为。"我们像人们期望的那样行动，这使他们觉得和我们产生连接，"贝尼奥夫写道，"那是一种情感的连接，是任何竞争对手无法偷走的财产。"[4] 为了解释这个观点——几年后的 2015 年——当印第安纳州通过歧视同性恋的法律时，贝尼奥夫高调表态，使 Salesforce 在美国闻名。这种表态看上去是真实的，并不是噱头，因为那就是真实的表态。这种表态符合 Salesforce 长期秉承的理念，最后提高了 Salesforce 在技术领域的声誉。

围绕精美设计、用户体验以及各种苹果设备、服务与软件之间的无缝衔接，史蒂夫·乔布斯领导的苹果公司发展出一个强大的理念。一旦那个理念形成了，当苹果公司推出 iPhone 和 iPad 这样的新产品时，就会给人一种感觉：苹果公司当然会那么做。当企业有了强烈的理念时，他们的行动看上去总是必然的。

GoPro 通过不同的理念创造了一个完全的商业现象。事实上，它的理念一大部分是它所谓的"理念相机"。尼克·伍德曼酷爱冲浪，为了拍下他遇到的每一波惊涛骇浪，他捣鼓出一台能绑在身上的、粗糙的防水相机。2004 年他创办 GoPro 时，常规的相机市场已经变得疲软。伍德曼强调，GoPro 相机的不同点不仅在于可穿戴——它的不同点在于背后的大胆、冒险和极限运动精神。购买 GoPro 相机的人觉得自己是这种文化的一部分，他们迅速把视频放到网上、赢得粉丝。到 2012 年，GoPro 一年卖出的相机数量超过 200 万台，而用户的视频在 YouTube 上播放了数亿次。"他们像创可贴或棉签那样迅速垄断了想法，人人都把这类镜头叫成GoPro 镜头，或者认为一定是用 GoPro 拍的。"后来为 GoPro 代言的冲浪巨星凯利·斯莱特（Kelly Slater）说。[5] 当你的品牌成为品类代名词时，你就知道自己是品类王了。GoPro 变成新的相机和内容领域的品类王。索尼和其他大型电子产品公司试图进入这一领域但失败了。它们的相机也许更好——事实上，GoPro 的相机相对来说有点难用——但是这些竞争对手没有理念。它们与目标市场没有建立连接。2014 年，GoPro 上市，几天后股价涨幅超过 100%，市值达到 30 亿美元。到 2015 年年末，GoPro 股价暴跌，因为它最初的品类潜力渐渐耗尽，而且 GoPro 拓展潜在市场的行动迟缓。它的命运如何，还有待观察。

我们在职业生涯中，感受过伟大理念的力量。如前所述，在 21 世纪初期，阿尔、克里斯托弗和戴夫共同帮助 Macromedia 打造了一个新的品类和理念。这个理念以"体验第一"、体验设计和一套新的富互联网应用产品为核心。这个理念讲"体验第一"的故事，影响了 Macromedia 的战略决策。戴夫和克里斯托弗在水星互动时，他们用 BTO（Business Technology Optimization，业务技术优化）的理念帮助公司重新定位，找到新品类。2006 年，惠普以 45 亿美元收购水星互动时，惠普企业业务负责人安·利弗莫尔（Ann Livermore）说，惠普收购水星互动一半是因为 BTO。

我们不是说，没有伟大理念的公司一定不成功。Safeway 和美联航都是巨型公司，但是它们没有理念，必然不是品类王。因此，它们的利润低、股价一般，或许它正吞噬着大部分员工的灵魂。[6]

接着说说推特——另一种理念故事。回到 2008 年，推特崭露头角之后，凯文在硅谷丘吉尔俱乐部一个活动的舞台上采访了埃文·威廉姆斯（Ev Williams），问起威廉姆斯会怎样描述推特的前景和品类。"我能感觉到什么会爆发、为什么会爆发，这是一种直觉，我说不清，"威廉姆斯回答，"我的两个合伙人，杰克·多尔西（Jack Dorsey）和比兹·斯通（Biz Stone），总是对推特有宏大的愿景。公司里有共识，我们正在把人们联系起来，每天都听到我们怎样改变了人们交流的方式。我们觉得是某种有渗透性的东西。"[7]用我的话说就是，我们没有理念，我们没有战略，我们在观察用户做什么，只起促进作用。（顺便说一句，推特的看法一直是这样。）推特是幸运的，它在对的时间做了对的事，中奖了。你也可以希望自己中彩票。但我们想说的是，拥有一种理念，是另一个增加你胜算的方法。它有助于你把最初的灵感变成重要的企业、产品和品类。

在21世纪初，我们遇到了一家面向企业用户、完全理解品类王战略的公司：Tableau软件公司，一家位于西雅图的"可视化分析"公司。Tableau的理念不像Salesforce的"终结软件"那样咄咄逼人，但其微妙之处更适合公司高冷的学术气质。

Tableau的故事要从斯坦福大学[8]教授帕特·汉拉恩（Pat Hanrahan）和他的博士生克里斯·斯托尔特（Chris Stolte）说起。斯托尔特的研究方向是如何通过把信息转换成交互式可视化图形来查找和分析数据。当他们的工作取得进展时，他们与克里斯汀·查布特（Christian Chabot）合作，在2013年共同创办了Tableau。查布特曾经是数据分析师、创业家和风险投资人。

一开始，三人认为，他们能提供与以往不同的产品。企业用户市场已经有许多"商业智能"软件产品、分析引擎和报表软件包。这些产品通常需要几万甚至几十万美元，而且受过数周培训的人才会使用。这些产品能帮助企业整合与分析大量的数据集，但它们有和 CRM 软件类似的问题：太贵，太难操作。Tableau 看到了变化正在发生。它可以让用户从昂贵、复杂的产品转向更可视化、简单、美观的软件。更重要的是——来自 Salesforce 案例的提示——Tableau 可以让更多人对数据分析从一无所知变成能够使用这种技术。"我们对原有品类进行彻底改造，发明了对人们来说适用范围更广、作用更大的东西，"查布特向我们陈述了 Tableau 理念的精髓，"这是一款为仅仅是好奇、喜欢或想查看和理解数据的人准备的软件。"[9]

当 Tableau 提炼出自己的理念时，它意识到必须讲一个人们从未听过的故事。它必须让不是数据专家的人相信自己可以使用强大、易操作的分析工具。它还必须宣传 Tableau 将要解决的问题。它必须说明，数据怎样帮助人们更好地理解自己的工作和生活。Tableau 的理念——向那些并不知道自己需要可视化软件的人销售新型可视化分析软件——主导了公司重要的行动。查布特注意到，很难用语言解释 Tableau 及其好处。因此，Tableau 推出全功能免费试用版——当时，这在分析软件领域很新鲜。这样，许多人可以试用产品。然后，Tableau 进一步推出了 Tableau Public，基于云的 Tableau 免费版，于是更多人能体验它的技术。在早期，Tableau 为传播品牌并帮助自己的粉丝分享看法发起了用户大会。第一次用户大会在西雅图精品酒店举办，吸引了 50 人参会。到

2015年，约1万人参加了大会，这次是在拉斯韦加斯。如前文所述，企业品类比消费者品类发展慢，Tableau的可视化分析软件需要10年才能真正发展起来。然而，2014年Tableau就火了。它的收入达到4亿美元，并成功上市，成为这种新型可视化分析软件领域无可争辩的品类王。自始至终，成为品类王的关键都是采取和坚持一种独特的理念，让它影响公司运营的各个方面。

不过，我们想说，理念不是新概念。在20世纪90年代，一个独特的理念就像有魔力的药剂，能为计算技术发展插上翅膀。事实上，Palm Computing（曾经是著名的手持设备制造商）的创始人杰夫·霍金斯（Jeff Hawkins）对理念的修正就极为成功。

在20世纪90年代初期，许多企业家、投资人和大公司对小巧、便携的数字设备极感兴趣。霍金斯便在其中一家公司工作。这家公司叫GRiD，推出了GRiDPad。类似的公司还有推出EO的GO，推出Zoomer的卡西欧，联手推出Simon（世界上公认的第一部智能手机）的IBM和BellSouth。差不多也是那时候，苹果公司（正处于史蒂夫·乔布斯被赶走的黑暗时期）推出了Newton。这些设备都很糟糕。当时的技术不足以制造独立、手持的好设备。这些产品价格昂贵（其中最便宜的Zoomer也要700美元）却做不了什么（好像几乎没有价值）。这种"个人数字助理"品类——定义模糊，与时代不同步——衰败了。霍金斯差不多是个受害者。1992年，他离开GRiD，创办Palm，为各种手持设备生产软件。随着"个人数字助理"品类的衰败，Palm也倒下了。如果硬件卖不动，软件也没有市场。

支持 Palm 的传奇投资人是标杆资本的布鲁斯·邓利维（Bruce Dunlevie）。在 Palm 束手无策时，邓利维与霍金斯会面，要求后者通过制造出消费者真正想要的硬件挽救 Palm。那天晚上，霍金斯坐下来，开始畅想一个独特的理念。"这个设备，"他写道，"必须低于 300 美元，能装在衬衫口袋里。但是，最激进的地方在于，它是个人电脑的附件，不是独立的电脑。它可以和电脑同步，所以你能带着日历、地址簿和笔记四处走，但其他文件和功能还留在电脑上。"（请记住，1994 年贝尔实验室第一次公布无线网络接入。因此，霍金斯做这件事时，还没有 Wi-Fi 这回事。）这些目标"算不上具有革命性，但与手持设备领域的企业对自身产品的定义完全相反"。安德里亚·巴特（Andrea Butter）和大卫·伯格（David Pogue）在《领航的掌中宝》[10]（*Piloting Palm*）中写道。霍金斯的理念还在 Palm 推动了一项关键决定。为了达到他在费用、尺寸和简洁上的要求，Palm 要为人们找到输入信息的新方式。当时，一款廉价、无键盘、口袋大小的设备不可能具备识别笔迹的运算能力。因此，霍金斯想出一个独特的办法，教人使用一种更容易被设备识别的缩写。他把这种缩写称为"涂鸦"。换句话说，霍金斯认为，让人类改变书写方式比让电脑识别每一种书写风格更容易。[11]

在霍金斯和他的团队开发设备时，他们提炼并明确了理念。他们把它写下来："大多数竞争者认为，自身产品滞销的原因是缺乏适宜的功能，Palm 认为，那些产品滞销的原因是不够简单。"[12] Palm 甚至重新定义了 PDA 品类，而不是叫它"connected organizer"（连接的组织者）。当 Palm 的工程师要求霍金斯添加会增加成本或尺寸的功能时，霍金斯就会重提理念并加以坚持。

1996 年，在一次演示会议（demo conference）上，Palm 发布了掌中宝。媒体立刻看中了这个故事，人们也开始拼命地口口相传。Palm 也认识到它必须积极宣传对立的故事，于是通过公关和广告培育市场。由于坚持理念，Palm 制造出了合适的产品，并令市场相信它的产品是正确的。人们理解了霍金斯的灵感，看到了其他手持设备固有的价格高、作用小的问题，有效地把之前的市场观念转变成霍金斯的观念。手持数字设备第一次在大众市场上火了。Palm 也为我们今天爱不释手的智能手机奠定了基础。

好点子也需要一个好时机

一个伟大的理念不仅是好故事——更是合乎时宜的好故事。理念必须考虑到技术水平和社会观念。一个创业者也许有超前 10 年的远见卓识。如果他今天说出超前 10 年的理念，也许会受到媒体的关注，但可能得不到消费者的认同。一个伟大的理念能够恰到好处地推动人们走向未来，让世界想象以后会怎样。如果理念太跟随现有市场（sits too much），那么最好的情况是它不够令人振奋，最坏的情况是它让你看起来像盲目的跟风者；抛出一个技术上太超前的理念，你的团队也许能奋力做出兑现承诺的产品，但是你的外部受众要么没准备好接受你的观点，要么完全不相信它。

根据我们的职业经验，我们知道踩对点是什么样——完美的冲浪体验——踩错点是什么样，起乘失败，就会在水下沉很久。在互联网繁荣时期，克里斯托弗是 Scient 的第一任首席营销官。他帮公司想出了合乎时宜的理念。20 世纪 90 年代，各种公司突然意识到它们必须有自己的网站。于是，突然出现了很多帮企业做网站的咨询顾问。IBM 刚开始推广电子商务（eBusiness）的概念。Scient 的 CEO 鲍勃·豪（Bob Howe）预感电子商务这个概念可能会成功。但是，克里斯托弗和创始团队的其他人都觉得 IBM 无法在咨询市场开展电子商务。因此，Scient 把自己定位成电子商务"系统创新者"，在咨询领域发布新品类。这个理念非常合乎时宜，Scient 成了品类王。成立三年后，Scient 市值达到 90 亿美元，成为互联网爆发时期的超级新星。[13]

如前所述，好时机和坏时机阿尔都经历过。也是在那个互联网爆发期，阿尔创建了 Quokka 运动。他对网上的沉浸式运动体验（immersive sports）的判断完全正确——它的理念让运动领域的其他人理解了阿尔的灵感。NBC（美国国家广播公司）与 Quokka 签约，把沉浸式运动体验带到奥运会上。可惜，Quokka 的理念终究太超前——调制解调器（modem）的速度太慢，影响了 Quokka 的体验，而宽带进入普通家庭花的时间之长超乎想象。

Quokka 聚集的力量不够，没能挺过 2000 年的互联网泡沫破裂，Scient 也没挺过来。可见，即使你的理念和一切都非常好，还是可能败在时机上。[14]

Netflix 的里德·黑斯廷斯（Reed Hastings）绝对是把握时机的大师。1997 年，他与别人共同创办了 Netflix。他总是说取名为 Netflix 是有原因的。他知道，有一天，公司会提供能够直接在网上观看的电影。但是，他也知道，不过个几年，技术水平还不够。那几年，他甚至都没向大众抛出"流媒体电影"的理念。相反，他提出了符合那个时代的理念。在网上选择电影和邮寄DVD 的概念新潮又合时宜，虽然晚于大片、DVD 商店和家用录像带，但避免了让消费者做自己不理解的事。其实，黑斯廷斯在等，直到许多不方便、不合时宜的服务尝试提供在线电影——都没有产生影响。2005 年在一个名为"网络 2.0"的大会上，黑斯廷斯上台接受采访时被问到为什么 Netflix 尚未提供流媒体电影。他不得不解释，为什么市场还没准备好，指出软件和反盗版机制仍然给大众市场的用户造成太多麻烦。[15] 2007 年，Netflix 终于提出了新的理念，创造出新品类，即简单、低成本的流媒体电影。当时，公司已经有 420 万 DVD 服务订阅用户，宽带网络也迅速进入美国普通家庭。黑斯廷斯对时机的精准把握，让 Netflix 连续成为两个品类王：首先是邮寄 DVD，然后是流媒体电影。

传播你的理念

也许你是史蒂夫·乔布斯或者里德·黑斯廷斯，毫不费力就能想出构思良好、恰逢其时的品类故事。但是，如果你比他们稍稍平凡一点儿，我们建议你完成旨在发现和讲述精彩故事的过程。如前文所述，这个过程是品类发现工作的一部分。当你完成了那些发现品类的过程，你也找到了品类存在的原因，确定你的公司或机构能够和必然成为品类王的原因。理念是表达这种发现的方式——讲述品类故事和你的角色的方式。

我们一再强调写下这个故事的重要性。许多创始人和 CEO 脑子里有理念——就放在脑子里，只有当他们说起的时候才提，让团队里的其他人试着自己理解这个理念。品类设计的各项工作需要共同发挥作用，所以各项工作都必须像在精密仪器中那般明确、精准、无缝衔接。组织里的每个人都必须基于完全相同的理念开展工作。要达到这种效果，这个理念必须先写出来，然后经过反复的揣摩、修改和争论，最后得出管理层一致认可的终极版。到那时，任何反对这个理念的人就是 Zed，必须让他走人。

走到传播理念这一步时，我们的思路类似于为品类故事制作电影预告片。必须发自肺腑地说出故事，故事越简短越好。摆出问题和影响，描述品类的发展前景，简单介绍怎样打造品类，描绘出潜在的发展结果。语言艺术很重要。不同的措辞带来不同的想法，进而导致不同的行为……最终影响消费。为了让消费者排队 10 分钟买一杯 5 美元的咖啡，星巴克必须给咖啡换个叫法——3 倍浓缩脱脂拿铁。

提出理念是试着把公司的主张压缩成 30 秒的小短片，这远比构思传统的"电梯间游说"严肃。这个理念将清晰地表明公司战略。它必须经得住质疑，才能影响公司做的每一件事。一个简洁有力的理念能让公司高管在电梯间偶遇实力买家时脱口而出。如果一家公司把提出理念的任务交给初级传播专员去做，就太不重视了。

编故事是一项既有趣味性又有创造性的工作，同时也很辛苦。在公布故事之前，通常我们要修改十几次。我们认为，高管云集的宴会是发布预告片的最佳场合。

我们在 Origami 就是这么做的。你回想一下，Origami 团队最终确定了"营销情报评估"（Marketing Signal Measurement，简称 MSM）这一品类，发现了营销情报这一新"事物"——每个营销人员都需要能够理解。但记住，Origami 还发现了大多数营销人员不清楚存在或者不能解决的问题。潜在的消费者要经过引导，才能改变旧思维、拥抱新思维。理念将是引导市场——更不用说引导 Origami 员工、投资人和合作伙伴——拥抱 Origami 洞见的重要环节。

Origami 的理念初次亮相的情形是这样的：管理团队在加州门洛帕克一家法式乡村餐厅进行餐桌会议[16]。每个人都参加了数周关于品类的谈话和研讨会，缓慢地发现品类和品类故事。

最后，大家要一起看结果了。一个屏幕亮了，一张黑底白字的幻灯片出现了。这些幻灯片——真的在 Origami 的会议上展示了——每次展示一张，排序如下：

- 你知道今天发生了什么吗？
- 这是一个简单而重要的问题。
- 没有任何营销人员能回答。
- 因为营销已经成为纷繁复杂、瞬息万变、喧嚣而日常的战斗。
- 有人说，现代市场营销将易于策略。
- 但是，新渠道、平台、应用、设备、数据和云计算等激增，导致难以排除杂音的干扰。
- 到 2017 年，数字营销费将占到营销媒介费的 40%。
- 制定评估标准是营销工作面临的大问题。
- 事实上，据首席营销官反映，数据的质量、数量和分析是首要考量。
- 评估消费者在付费、合作与自有媒介的参与度是战略重点。
- 但是，尽管有各种报表、机构报告、营销自动化解决方案、数据库、商业智能软件和客户关系管理系统，营销官们依然不知道……
- 今天发生了什么。

- 直到现在。

- 营销情报评估来了。

- 别人看到的是活动、渠道、设备和用户交互，我们看到的是营销情报——到处都是。

- 各种信号都很重要，它们可能来自广告、推文、公告、关键词、视频、图片浏览、博客、应用、电子邮件、网站访问或线下媒体活动……

- 我们把海量营销信息流转换成可操作的营销洞见。

- 帮助营销人员评估、分析、应对营销信号。每一天。

- 优化营销结果。每一天。

- 你能实时评估竞争对手的营销情报。

- 激发了解发生了什么和为什么发生的好奇心。

到那时，你便有故事了。虽然 Origami 起步于技术洞见，但理念说的不是技术或产品特征。理念不是说哪家工资水平最高或最低。理念也不是商业术语的堆砌，虽然许多公司都是这样表达自己的。这个故事简单明了地定义问题，提出现代营销人员觉得自己必须要有的"解决方案"。这个"解决方案"不是 Origami 本身，而是营销情报评估——MSM！Origami 首先要让潜在市场说，"我们需要那个解决方案"。一旦人们认定自己需要 MSM，只要 Origami 提供的解决方案足够好，它就有获得那些消费者的好机会。如果分析师、记者和博主理解品类故事，他们也会宣传这个新事物，像 Origami 自我宣传那样进行——这又回到 Origami 能解决的问题。

如果世界接受 Origami 讲故事和谈问题的方式，Origami 会一直占据优势——因为故事和问题是为 Origami 量身定做的。当这些都按预想的实现时，一个品类就诞生了，也许品类王已经在夺冠的路上了。

理念发挥作用

假设你已经讨论、梳理、提炼并写出你的理念。如何让理念为公司服务？详见下文。

招聘：

让理念帮你找到合适的员工，排除不合适的员工。彼得·蒂尔在建设贝宝（Paypal）时体会到了理念是如何筛人的。"如果你能说明为什么你的事业激动人心，你就能吸引到适合自己的员工：不是大体上说它为什么重要，而是说你为什么要去做一件别人不会做的重要事情，"蒂尔在《从 0 到 1》中写道，"在贝宝，如果创造一种替代美元的数字货币令你兴奋，那么我们想和你谈谈；如果不是，那么你不是合适的人选。"[17] 创造一个清晰、迷人的理念，潜在的员工便会自动找上门来。

投资人：

1998 年亚马逊准备 IPO 的时候，杰夫·贝佐斯向股东写了一封阐述亚马逊理念的信。亚马逊仍然是一家专注的在线零售商，但是贝佐斯声明，公司将基于长期目标积极扩张。"我们将做出大胆而非谨慎的投资决定。"贝佐斯写道。他在理念中反复使用"大胆"一词，然后贝佐斯把这个理念视为宝典，每次发布年报都会附上这封信。结果，亚马逊找到了合适的投资人，排除了不合适的投资人。亚马逊的投资人明白，他们购买股票的这家企业不会在意季度利润，而会不断投资扩建，没有利润。如果没有清晰、充分表达的理念，贝佐斯最后找到的可能是一群逼迫他增加利润、削减投资的投资人。[18] 无论你是一家寻找天使投资的初创公司，还是一家进行 B 轮融资的成长型企业，或者是 IPO 候选人，理念将是你建设投资人关系的最佳手段。

员工联盟：

理念告诉员工如何行动并指导他们做决定。日复一日，公司做的每一件事都应该符合理念。如果理念清晰，员工也认同，那么公司几乎就能自我管理。但这并不意味着，你把理念往公司网站上一放，就能达到这种效果。管理层必须在内部灌输这种理念。戴夫和克里斯托弗在水星互动时，他们帮助实施了一个旨在证明整个销售队伍传递理念能力的培训项目。美国销售部负责人乔·塞克斯顿（Joe Sexton）亲自飞到全国各地，考核销售员在同事面前介绍理念的表现。这传达了明确的信息。Salesforce 比任何公司都了解这一点。早期，它制作了印着公司理念及有关公司服务等优势简介的双面卡片。"如果我们只是发放卡片，作用非常有限，"马克·贝尼奥夫写道，"相反，我们提供培训，确保每个人都很清楚我们想传达给世界的信息。"他补充说："这样认真协作的最终结果是，每个人都清楚这个复杂政治活动的细节。"[19] 你的措辞重塑想法，当你重塑了想法，你就能重塑做法。[20]

产品开发：

一个强大的理念会告诉工程师、产品经理、文字工作者、建筑师、设计师和其他创造者要做什么——更重要的是，不要做什么。每一个产品和功能都要符合理念并推动公司完成使命。在这方面，苹果公司也许是技术领域的最佳案例。它生产了一系列限量的产品，确保它们符合、体现苹果公司的世界观，因专注而享誉全球。乔布斯的另一家公司，皮克斯，同样用一个强大的理念指导所有的决定。"我们的任务是培养一种力图保持视线清晰的文化，"CEO 艾德·卡特姆（Ed Catmull）写道，"我们说第一原则是'故事为王'，这意味着，我们不会让任何事——技术、销售前景——妨碍我们的故事。"[21] 由于坚持"故事为王"等类似原则，皮克斯制作出一部又一部高口碑的作品。当电影制片人不确定要做什么时，他们就会接受皮克斯的理念。理念不是为了描述产品；它是为了确保产品的伟大。

品牌：

一些暴躁的"商业活宝"（cranky business butt-head）可能听过理念，还嘟囔着说那与品牌及定位是一回事。但理念传达了战略，因而高于品牌和定位。理念首先是公司的自我定位。一旦这个定位在内部得到认可，公司就能自信地对公众说：我们是这样的，所以这很重要。随之而来的品牌也不是辞藻的堆砌或拳王迈克·泰森脸上的刺青。如果品牌和广告语靠谱儿——与公司的自我定位及战略紧密相连——便会引起世界的关注。1英里之外，新闻、消费者、竞争对手、分析师和投资人就能嗅到靠谱儿的气息。太多公司的口号和标语并不是基于理念，所以成了对公司发展影响甚微的套话。典型的口号比五分钱合唱团（Nickleback）的专辑 *deep cut* 更容易忘，而且几乎能被任何公司使用。看看SAP的"大道至简"、微软的"今天你想去哪儿？"，这些都没有理念，毫无意义。

我们想借戴夫过去的经历，说明理念对品牌和广告语的影响。当时，软件公司Coverity聘用他负责发现品类、理念及树立公司公众形象的工作。Coverity成立于2002年，也是一家发源于斯坦福大学计算机研究方向的公司。[22] 它做的是"静态代码分析"，这个技术术语是指发现软件代码的故障，从火星探测器到心脏除颤器或者你口袋里的安卓手机。到2008年，Coverity被看作该领域的领军企业，但是这个品类几乎是无形的——只有戴着"酒瓶底眼镜"的技术人员才可能注意到它。Coverity 处理的问题，可以防止飞机坠毁，确保 100 多万个设备正常运行。但是，它的品类故事深埋在软件开发的底部，所以大多数人不理解 Coverity 解决的问题，或者不理解解决问题的价值。为了改变这种局面，2008 年 Coverity 聘请戴夫当首席营销官。

　　在戴夫的帮助下，Coverity 找到了自己的理念——真实的自我。这个理念以软件完整性为核心。这就是 Coverity 在做的事，它告诉潜在的企业用户：软件的完整性就是商业的完整性。Coverity 这样解释：看，一架喷气式客机有超过 1 亿行代码，测试以确保它正常运转或许是个好主意。Coverity 提出一种观点：软件完整性测试是义务，不是特色。Coverity 提出的软件完整性理念仿佛是一场把世界从软件故障中解放出来的宣传运动。这个理念使公司业绩一年增长了 20%，并获得明显的领导地位。分析师给 Coverity 的评级比 IBM 和 HP 这样的领军大企业还高。几年后，这个理念大获成功。2010 年，由于在刹车时自动加速的潜在软件故障，丰田普锐斯（Prius）汽车受到美国运输部的调查。这个软件完整性问题导致丰田市值蒸发 40 亿美元。媒体引用了 Coverity 在软件完整性方面的相关言论。然后，戴夫在 CNBC（美国的全球性财经有线电视卫星新闻台）与汽车专家就软件完整性展开辩论。这个理念带来的各种关注起作用了，Coverity 迅速走出发展的地下室，走进董事会。

最后，理念传达的是战略。如果你知道并内化了一个理念，你有你的战略——创造重要品类、公司和产品的首要宏大计划。但是，找到这个理念需要深入地探索公司的灵魂。这项工作需要时间，而且很难，但是我们向你保证，这样做是值得的。技术专家倾向于先做产品再做其他的，这是落后的。在下一章，我们会介绍，最好的品类王都是怎样用理念同时设计出伟大的产品、公司和品类的。如果你仍然认为，做生意就是"制造垃圾，销售垃圾，其他都是胡扯"，如果你仍然认为拥有最佳产品的公司自然会赢，如果你仍然认为营销是在产品不好的时候要做的事，好吧，我们只能祝你好运！[23] 如果你想把自己的产品、公司和品类联系起来，提高自己成为品类王的机会，那么就请看下一章。

独角兽理念挖掘与传播指南

第一步：谁？

理念发掘与品类的发现和表达关系微妙。在上一章，我们建议，品类工作最好由不参与公司日常运营，但得到 CEO 和管理层充分信任和支持的人来做。品类工作由谁做，理念工作就由谁做。

第二步：调研

让同一个人或团队做品类工作和理念工作，还有另一个原

因：品类发现要做的所有研究都适用于理念工作。请回顾第 4 章
中需要回答的调研问题。然而，对理念而言，这个团队需要研究
战略性和文化性问题。这些需要问创始团队和关键领导人。理念
传达的是公司战略，要体现公司的灵魂。因此，访谈时要涉及的
问题包括：

1. 公司及其产品有何不同：

理念要传达的是不同，而不是更佳。所以不同点在哪
里？这家公司及其产品的不同点在哪里？哪些不同点能打动
哪些受众？能最终赋予公司灵魂的不同点是什么？

2. 这家公司将如何创造用于解决该品类问题的产品或服务：

要讨论的不仅是你最终会给消费者提供什么，还有怎
样做到这件事。实现目标的路线图是什么？怎样才能变得
不同？

3. 设想的最终成果：

如果公司成功了，世界会变成什么样？世界将如何被改
变？这会像 Salesforce 的理念说的那样，意味着"软件的终
结"吗？这会像 Sensity 在理念中预想的那样，开创光感网络
的新纪元吗？与现有的愿景相比，公司的终极愿景有何异同？

4. 公司的本质：

贝尼奥夫像海盗竞争者（pirate competitor）一样创办了

Salesforce，但又有人文情怀；西南航空的形象是自由、乐
天；苹果公司的使命是提供不向技术妥协的优雅设计——你
的企业文化是什么？什么样的人在领导它？你希望它在公众
和媒体中展现什么样的形象？

这些比品类发现的必要问题更软，但理念必须既真实又感
人。调研必须在收集事实的时候，积累尽可能多的感性细节。

第三步：对问题达成共识

在能描述解决方案之前，你必须知道如何清楚地说出你要
解决的问题。Macromedia 指出，糟糕的网络体验堪比糟糕的生
意，所以糟糕的体验需要改善（当然是靠 Macromedia 的产品）；
Sensity 指出，城市里的旧式路灯既无声又浪费，是一个需要解决
的问题；Origami 说，营销人员不知道今天发生了什么……

记住我们之前说的：谁最好地提出了问题，谁最有希望赢得
品类。理解用户的痛点，会让他们的大脑释放催产素，然后像你
一样思考。所以，想出你的品类问题，找到一种能打动人的表达
方式。

第四步：编故事，反复改，反复讲

如前所述，我们在编故事时，要记住电影预告片的节奏和情
感张力。用简洁、有力的语言，理念应该摆出问题及其影响，描

绘品类前景，概述发展该品类的蓝图，为潜在成果画一幅画。

　　基本结构很像典型的深夜电视购物广告。夸张地摆出问题，然后介绍解决方案。我们常常感慨，到底有多少公司在没有提出问题的情况下就推销所谓的解决方案？理念的初衷是引导市场理解问题、提出需要。人们认识到的问题越大、越紧迫、越具有战略性，往往就愿意花更多的时间、精力和金钱去解决问题。在理念的末尾，用概述和展望的方式介绍贵公司的独特解决方案。理念绝不能涉及产品特色。

　　要简洁。说人话，别使用商业或技术语言。句子和单词要短。要煽情，想想电影预告片！

　　要激动人心。让人们觉得他们必须得到这个解决方案。让他们害怕得不到。

　　描绘一幅美好蓝图。这幅蓝图会让听众明白，你要去哪儿，他们为什么要和你一起。这幅蓝图还会影响公司的战略和文化。这幅蓝图会激发出共同的使命感，感染员工、消费者、合作伙伴、投资人和这个生态系统中的其他人。

　　为理念注入人格。语言很重要。它听起来应该严肃、理性、煽情、咄咄逼人，还是幽默？ Sensity 在它的理念中试图取笑常规路灯。其中一段说："别嫌它们太闷……它们就是那样设计的。"这使 Sensity 显得思维超前，愿意挑战传统。Origami 的语言更加严肃，显示出它对棘手的商业问题的深思熟虑。在不同情况下，语言体现了公司文化中的某种东西。

把理念写成简短的文件或者几张幻灯片。它必须能被迅速阅读或展示——理解起来可能不到 10 分钟。记住，历史上最长久、最成功的理念文件之一，《美国独立宣言》只有 1 337 个单词。因此，没有任何理由写比它长的文件。

草稿拟定之后，发给领导小组。询问意见，详细记录，修改措辞，再次分享。然后重复这个过程，直到领导小组完全接受这个理念。一旦被接受，这个理念就会影响品类、公司和产品战略。因此，领导小组必须认为理念体现和说明了三大战略。

一旦被接受，各部门就不能根据自己的需要改动这个理念。把它当成你刚刚录制的热门歌曲。布鲁斯·斯普林斯汀（Bruce Springsteen）不会擅自修改《生而为跑》（*Born to Run*）的歌词。所以别改你的理念措辞。

第五步：分发、宣传和动员

如果只是静静地挂在网页上或者孤零零地躺在某人的硬盘里，这个理念是没什么用的。Salesforce 把理念制成卡片发给每一位员工。有些公司在全员活动上或者小组会上介绍理念。别只发一封抄送全员的邮件。理念必须由 CEO 和他的领导小组积极宣传。

　　在入职培训时向新员工强调公司理念，并考核他们。把理念变成公司信条，让它成为雇用的前提。一个非常有效的培训技巧是，让每一名新员工在公司全员面前介绍公司理念。组织比赛，奖励最佳的介绍人。把这件事变得有趣，成为公司文化的一部分。邀请你的员工就公司理念为什么重要制作视频并进行陈述。支持他们，你的团队会充满热情。同时，反对的人（Zed）也会离开。

　　一旦将这个理念注入公司，用它动员公司设计和开发有助于公司问鼎品类王的品类、公司和产品。怎样才能做到呢？请看下一章。

第 6 章

动员：付诸行动

现实很骨感

我们想和你谈谈一种被我们称为"引力"（gravity）的商业现象——以及品类设计如何像解药一样，阻止这种引力从而引导公司做出非常理性的决策，最终增加公司成为品类王的机会。

什么时候认真对待品类设计最佳？一般是引力变强的时候。发现和定义你的品类并提出精彩的理念是一回事，动员全公司这样做则完全是另一回事。公司每分每秒都要和引力做斗争，从此刻起，品类设计变难了，但好戏才真正开始。这也是决定品类王成败的地方。

由于我们以经营者、教练和顾问的身份经历过很多次与引力的较量，我们知道这种较量有什么影响。我们在本章所述也许听起来很适合科技创业公司，但同样的问题和解决方案适合任何由负有使命感的创始人领导的大胆冒险：大公司中的新团队、新学校、新教堂、新乐队、新的体育俱乐部、新的非营利组织。纵然机构的规模和类型可能不同，但原则都是相同的。我们以创业公司为例。

一家公司成立后，通常 CEO 就是首席产品经理。他获得最初的灵感——最初的市场或技术洞见——所以由他确定产品开发方向，然后在日常的谈话和行动中向小团队说明自己的愿景。我们在前面讨论过产品设计、公司设计和品类设计构成的设计三角。当这三项工作同步进行时，合力就会提高创造品类王的概率。在公司成立的头几个月，CEO 或创始人通常心无旁骛地关注产品设计，可能偶然会同时进行公司设计，完全不会考虑品类设计。在大多数情况下，这样是可以的。一个 CEO 的时间和精力是有限的，一开始就专注于产品设计可能是最佳选择。

然而，一旦产品顺利运行，公司开始获得用户认可，CEO 就会陷入其他繁杂的公司事务中，例如：销售、招聘、融资、参加董事会、法律问题、公关、办公空间，以及是否要在周三提供甜甜圈，等等。引力会让创始人（或大公司的创新者）偏离正轨，这会导致 CEO 把产品设计交给……鬼知道是谁！也许没交给任何人，也许 CRO（首席研发官）还觉得自己是产品设计的老大；也许销售部门的头开始推动产品设计；或者是商务拓展部门的人施加影响，因为他声称自己能签下几个重要的合约；也许那些擅长影响 CEO 的人就会在秘密会议中施加自己的影响；也许某个可怜的初级项目经理开始负责产品设计，因为他是唯一能清晰地做出所有消费者和合作伙伴需求和错误修正表的人；[1] 也许是任何不理解 CEO 的灵感、也完全不明白产品原则的人负责产品设计——他们都有可能出于自身的利益考量，想让产品议程符合自己的短期目标。

从第一批消费者开始使用产品起，反馈就源源不断——用户数据、评级、邮件评论、社交媒体评论、推特以及消费者对额外产品特色和功能的要求。当 CEO 忙于应对引力时，初级项目经理持续跟踪反馈意见与用户要求，进而转告产品经理和设计师。在创业公司，销售部门可能试图对外销售任何能卖的东西，向用户承诺公司会做任何用户想要的东西。用户要的很少与 CEO 最初确定的方向一致。设计师不是向初衷靠近，而是不断满足用户需求。可是，通常用户要的是"更好"，而不是"不同"。

这在开发商务产品的公司极其正确，但放在消费类产品上就不一定了。通常，这在消费类公司出现得更快，因为消费者能立即使用新的技术、产品和服务。这可能在消费类公司非常公开，因为引力诱发的需求和批评会充斥社交媒体。

这些力量是引力诱使产品与公司偏离初衷的开端。现在产品偏离轨道一点点，将来它会继续疯狂偏离。过多向用户的需求妥协，最后你得到的是一堆门把手——一堆彼此无关、无法整合的产品和功能。最后你得到的不是亨利·福特的 T 型车（Model T），而是一匹更快的马。如果你是创始人或 CEO，考虑的是服务下一个 Agile sprint（美国软件厂商）冲刺的设计，但那些东西都不符合你的想法，那么品类设计的黑夜就到来了——什么事都有可能发生，但通常不是什么好事。

抵抗引力有两种方法。

一种是做有远见的产品设计独裁者。[2]乔布斯就以此闻名，而且做得很成功。[3]这也是为什么微软在比尔·盖茨的领导下很成功，但在超级推销员鲍尔默（Ballmer）的领导下却迷失了。鲍尔默过于重视用户、销售人员和竞争对手的声音，跟着市场要求走，而不是领着市场跟自己走。几乎没有 CEO 能同时独裁地经营公司又坚持初衷。

鉴于第一种方法很难，第二种抵抗引力的方法是把理念作为公司的初衷，把品类设计作为确保产品、公司和品类正常发展的步骤。之前我们说过，品类设计涉及引导市场了解你的洞见。好吧，在引导市场之前，你必须先引导自己的公司。

做品类王需要勇气。在困难时期，CEO 必须力挺理念与品类设计战略，对创造出前所未有、前景广阔的新品类充满信心。引力不希望你开发价值 10 亿美元的空白市场，反而极度偏向挖掘已经被定义和为用户了解的既有市场。每个业务部门都能感受到引力：公司销售团队想卖已经列入用户年度预算表的东西，而不是费力说服用户为他们没听过的东西追加预算；消费类产品营销员乐于劝人用买百事可乐的钱去买可口可乐，而不是劝人购买 5 小时能量补充液这种新产品；工程师倾向于开发比市场上其他东西更好的产品，而不是与他们之前见过的任何东西都不同的产品；营销、金融、公关和人事——他们都能感受到引力的作用。每个人都倾向于滑到冰球现在的位置，而不是它滚动的方向。在那一刻，领导人要有放弃巨大眼前利益的魄力，因为他只知道初衷是正确的选择，创造、发展和主宰一个全新的品类是更好的战略。品类王并不是忽视引力推动的每一件事，但他们必须在恰好满足市场要求和率众打造未来的新品类之间找到平衡。[4]

这场抵抗引力的战斗体现了公司眼前利益和长远利益之间令人绝望、真真切切又咬牙切齿的冲突。在品类王游戏中，你追求的是长远利益而不是眼前利益。虽然我们知道，对很多人来说，这听起来很疯狂。你必须继续开发品类潜力，宣传自己是品类王，指出公司价值取决于它所属的品类潜力、它在品类中的地位和它证明自己兑现承诺的能力。与此同时，你还要控制引力对公司的影响，这对许多领导人来说都很吃力。这时，品类设计对CEO 的价值就体现了。

没有品类设计，一家公司要靠 CEO 的性格或纯粹靠运气才能抵抗引力、成为品类王。品类设计能提高任何 CEO 与公司摆脱引力、成为品类王的概率。

落实品类设计

从领导团队提出和采用理念的那天起，品类设计就该进入执行阶段了。这时，所有品类设计工作不再局限于从领导层里挑选的几个人，开始渗透到公司的方方面面。我们与这些公司合作时，品类发现和确定理念通常是最有趣的部分。这时，领导团队见到我们很兴奋，好奇心也被激发起来。而现在要做的就是落实品类设计。

有一种机制能实现这一目标，我们称之为"闪电战"（其实，本章与下一章内容涉及的活动是同步的。但这是一本书，所以我们必须分章节写。这就是为什么你在这两章都会看到"闪电战"的内容）。我们与执行团队合作时，理念一旦确定，戴夫就召开领导团队会议，确认并安排在3~6个月内发动闪电战。闪电战是指大事件，目的是高调亮相，引起用户、投资人、分析师和媒体的注意，吓退潜在的竞争对手。要打好这场高强度的战役，公司必须调集所有资源。这和传统的"花生酱营销法"完全相反。"花生酱营销法"希望通过长时间、大范围的营销与公关在某个地方获得成功。在这个媒体喧嚣的时代，寻求关注的创业公司层出不穷，"花生酱营销法"无法突出重围。

闪电战必须消除噪音。闪电战是"空战"的震慑版——一些营销人员把改变潜在用户想法的推销活动称为"空战"。（根据这种提法，"地面战"一般指更贴近用户的销路拓展、销售电话和达成交易。）精明的公司知道，要改变目标人群的想法和购买模式，必须兼用空战和地面战。闪电战是轰轰烈烈的空战。

一些非常成功的闪电战利用了大事件，比如大量目标人群聚集的行业大会或贸易展。Sensity 在 2013 年国家照明展上就是这么做的。另一种方法是自己创造高调、重大的事件，也许是召集意见领袖和潜在用户参加以你要解决的问题为核心的"峰会"。重点是选择恰当的时机，然后像好莱坞思考大片首映时机那样思考闪电战的战机：公司上下全力以赴，各种宣传炒作，动静越大越好。

为什么要在几个月内安排闪电战？因为品类开发的速度急剧加快。由于既有品类的王者会垄断市场，所以你必须迅速宣示主权，否则就有丧失机会的危险。没有时间可以浪费，3~6 个月足够一家公司筹备闪电战，也足够每个人集中精力。我们发现效果最好的工作完成得很快。如果在任何文件上看到"第 21 版"的字样，你可以断定它耗费的时间和修改的次数过多。时间短还能防止范围扩大和犹豫不决。

就闪电战而言，最重要的一点是要明白它不是营销大事件，而是公司大事件。这就是为什么闪电战是公司每个部门的责任。品类发现和构思愿景的工作一结束，闪电战就要告诉全世界这个品类和愿景是真实、临近和必然的。为此，闪电战必须宣传使愿景必然即将成真的产品和公司战略。这些产品要有用、有意义，能构成一种愿景而不是一堆门把手。公司所有其他工作必须与闪电战中的愿景一致。销售团队必须知道使用案例和解决方案，把它们融入愿景。营销、品牌推广、视觉设计、社交与病毒性传播策略和广告都必须与闪电战中的产品和愿景同步；公司战略和金融战略也必须与闪电战中的产品和愿景同步。在开始闪电战之前，每一名员工必须明白公司愿景，明白他或她的工作应如何服务产品、公司和品类的愿景。

其他必须在开始闪电战之前完成的任务有：制作销售新文案，编写闪电战宣传材料，打造与愿景一致的新品牌，确保分析师了解使用实例、公司和品类战略，确定拉动数字指标所需的通过实验获得用户增长的方式（growth hacking），确保公司网站能体现公司愿景、充分利用闪电战。工作流程可能会因内部工作的关联性变得有趣——营销工作展开了，销售才知道如何出组合拳；产品营销确定了使用实例，营销团队才能用正确的方式向目标人群宣传；诸如此类。由于时间紧，每件事几乎都必须立刻做，但仍然要按正确的顺序做。要由一个在公司各部门都有威望的人统筹这件事——这可能是个艰巨的任务。最后，每家公司的任务清单和进度都不同，但闪电战是品类设计各部分必须融为一体的时刻。这一刻，闪电战可能成为品类王的加冕礼。

这就是为什么你要在愿景确定之后立即设定闪电战时间表。日期一定，倒计时就开始了，所有工作都准备启动。你真要动员全公司了。这就像盟军设定了 D-Day（诺曼底登陆日），然后反推确保 D-Day 行动成功要做的一切准备。如果一切尚未就绪或未与 D-Day 同步，整件事就会失败。

一旦你启动闪电战动员工作，就会随之出现一些影响。根据我们的经验，一般需要在整家公司树立共同使命感——产生战友般的感情。这会让公司里的 Zed 现出原形。由于大部分员工认同公司愿景，谁不认同甚至反对就日益清晰。在一个向闪电战迈进的公司，Zed 没有立足之地，但实际上，准备闪电战的工作会让员工过得更好。它设置了优先级，员工知道要做什么和不做什么。它让员工不做没用的事，因为没时间。衡量员工价值的标准不再是完成的工作量，而是对闪电战的成功有多大帮助。

CEO 要把他所有政治资本押在闪电战上。他是唯一能在全公司推动这件头等大事的人。他必须笃定——还必须做首席品类官。如果 CEO 犹豫、阻碍、不调动资源或允许公司的某项工作偏离闪电战方向，闪电战必败。

几件大多数 CEO 想不到要去做的事

我们确信，看这本书的人多半还没拟定品类蓝图，或对品类相关事物命名的分类法，还没想清楚品类使用实例，还没设计出生态系统雏形。我们会告诉你，这些是什么，为什么你在筹备闪电战时要做这些事。我们不是要你做一堆没有意义的咨询。这些事类似为电影写脚本、列出故事大纲，而不是让每个人即兴演出。好消息是，你需要的很多东西已经遍布全公司。这次工作有望利用与发展已经完成、但未有序整合的事。

在接下来的几页中，我们会告诉你许多要做的事。（我们建议你在某处停下来，开一瓶酒精类饮料。）

假设你已经确定了公司愿景，设定了闪电战时间表，当各部门开始为闪电战做准备时，领导团队应该坐下来，彻底想象一下公司要创造的品类。光想象还不够，你要把模糊的想象清晰化。我们建议制作4份核心文件：品类蓝图、产品分类法、用户使用实例和品类生态系统。如果你在一个资金充裕的公司，这项工作的成果看上去应该很好、很专业。但是，对于只有一两个人的初创公司来说，这项工作可能在餐巾纸上就完成了。最重要的是，你把这些想清楚，写下来。

品类蓝图：

品类王同时设计产品、公司和品类。蓝图标志着品类设计的开始。如果你是"不同"而不只是"更好"，如果你想把个人见解变成大众共识（这意味着你的品类尚不存在），你必须发现和设计你的品类。你必须把品类价值与你的角色书面化，帮助员工、用户、投资人、分析师和媒体理解。许多公司会设计产品路线图，列出产品开发的细节和最后大致的模样。这与设计品类蓝图相似。

蓝图设计了产品或服务发展的方向。它应该告诉消费者，他们能对品类王寄予何种希望。上市公司不能公布产品路线图，那会被当成预测报告。但是，品类路线图可以也应该对外公布。它在告诉人们，随着时间的推移，他们能对品类王寄予何种希望。这并不是公司将要履行的承诺，而是它对新品类的憧憬。公布品类蓝图的好处是，它能威慑潜在竞争对手。他们看到蓝图，以为你已经全部付诸实施了。微软在全盛时间就深谙此道。仅仅是描绘"个人电脑操作系统"这一品类的发展方向，就让潜在竞争对手以为微软会包揽一切，纷纷放弃、撤退。品类蓝图就像思想领导，让品类按你的思路发展。我们知道的一家公司就在 S-1（首次公开募股的招股书）中加入了品类蓝图。如我们所说，谁能把品类描述好，谁就有机会主宰它。

　　每个品类的蓝图不一样，描绘它们的方式也有很多种。更重要的是，蓝图要向外面的人表明，你对品类进行了透彻思考，有实施计划。这是你把公司打造成新品类的领导者和最重要的参与者的重要步骤。

产品分类法：

　　品类蓝图经常在公司内部引发"该死"的感叹，因为蓝图描绘了产品未来的发展方向，当回过头来看现在的产品，你会突然发现许多遗漏、曲解和包装错误的问题。因此，你必须坐下来，从蓝图出发，审视现在的产品。也许你要挖掘产品中隐藏的特色，给它们命名。也许你要拆分产品，对各部分重新标记、定价，或是用新方法把它们组装起来。简单地说，这项工作就是对你的产品进行拆分，给各部分贴上与蓝图一致的标签，再重新组装，然后才能对你正在创造的品类产生价值。当你这样做时，你是在对产品进行必要的重组与调价。

你做这件事时写的文件就是产品分类法。关键在于用同样的方式描述一切事物。产品分类法作为"真理"，它说明了解决方案的所有元素及其如何融入品类。措辞很重要，品类王也要靠语言领导。产品和功能的名称会改变人们看待它的方式，这就是为什么汽车经销商不再销售"用过的"车（used car）。他们销售"被拥有过的"车（pee-owned car）。国会很难投票反对叫《爱国者法案》的提案。如果你希望世界重视你的产品创新，就要给它们起与品类设计相关又有创新内涵的名字。

使用实例：

产品分类是向内探索你的解决方案，与透过蓝图向外探索用户同步。如果品类按你的设计思路发展，用户要怎样使用你的产品？通常，训练有素的营销人员会设计使用实例去推断卖给谁。在品类设计中，使用实例有助于公司更好地理解如何设计产品和公司，进而不断满足品类的需要。

先明确用户是谁。然后想清楚什么元素能成就伟大的品类。例如，既然新品类用新方法解决问题——那问题是什么？你会怎么解决？你希望带用户踏上什么样的转变之旅（from/to）？最终的好处是什么？同样，公司里各种人也许已经想了很多。把这些思考从你能找到的任何地方挖出来：销售演示、用户画像、分类分析和营销等。使用实例越具体、越详细，营销和销售就越容易发挥作用。没有使用实例，你就等于让自己的人出去打猎却只告诉他们必须带食物回来。他们不知道去哪儿打猎，带什么武器。如果他们知道要打的猎物是野鸡，事情就简单了。干脆点，实际点。

重点还是想清楚，并用任何适合你的方式写下来。这样能厘清思路。利用闪电战总动员强力解决问题、加快工作进度。设计使用实例不需要花 6 个月研究。在准备闪电战的过程中，这项工作要成为公司发展强悍、迅猛的动力。

品类生态系统：

蓝图定义了品类结构，与品类有关的分类法定义了你的产品和服务，使用实例定义了品类的用户和痛点。剩下的部分涉及与品类开发相关的外部参与者。我们称之为品类生态系统，把它标出来，以便你完整理解如何开发和主宰你的新品。

每一个健康的品类都处于一个健康的生态系统中。构成这个系统的参与者包括：第三方开发者、帮公司采用你的产品的咨询顾问、供应消费品的商店、分析师、数据或内容提供商，以及各种合作伙伴，甚至是竞争对手。Salesforce 打造了巨大的生态系统，由那些依靠 Salesforce 获得商业利益的人和机构组成。当 Salesforce 的年度梦想力大会吸引了 15 万名参会者时，这个生态系统就变得清晰。从很早开始，威睿就通过给技术人员颁发虚拟机软件证书和举办威睿大会打造自己的生态系统，现在它一年可以吸引两万多名生态系统成员。Netflix 的生态系统涵盖电影工

作室、原创内容生产者、网络驱动的电视生产商和美国邮件服务
（U.S. Postal Service，邮寄 DVD）。将近 100 年前，克劳伦斯·伯
宰打造了一个涵盖铁路公司、零售商、农民和冰箱生产商的生态
系统。

没有公司能存在于真空中，所有公司都处于一个生态系统
中。事实上，一个生机勃勃的生态系统需要自己的品类王。如果
品类王地位不稳，这个生态系统其实能帮它挺住。生态系统填充
了品类空间。生态系统发挥的综合作用能助品类王一臂之力。

不过，品类王可以定义和控制它的生态系统，所以每个人都
要遵守品类王制定的规则。这意味着，品类中的其他竞争对手最
终也要遵守品类王制定的规则——品类王的明显优势。任何生态
系统都有控制点——抓住这个点，公司就拥有极大的控制力。苹
果公司的 iTunes 是所有媒体流入 iPod、iPhone 和 iPad 的控制点。
沃尔玛是耐用零售商品流向美国人的重要控制点。彭博社把自己
变成消息进入华尔街市场的必经之路。控制点是收取过路费的好
地方，能赚很多钱。希望你在设计品类时留一个控制点。

出于上述原因，我们认为，你应该通盘考虑，明确规划你想
打造的品类生态系统。如果你知道自己希望它是什么样子，你就
更清楚如何开发它。开发生态系统的进程要从闪电战开始，这样
才能激活生态系统。

由于动员文件有很多下游效应，我们认为闪电战行动时间表
一确定就要处理这个问题。这些文件能指导闪电战，当受到强大

引力时它们能确保每个人不脱轨。理念的调子定了，便在很高的层面定了调。蓝图、分类法、使用实例和品类生态系统成为公司战略和战术的一部分。

品类设计的这个阶段需要具有挑战性的思维和决定。但这正是品类设计过程有用的原因。到此为止，你已经定义了品类，提出了能指导公司战略的理念。你已经启动了闪电战，它将在公司发挥强制动员与完成任务的作用。你要拟定一系列动员文件，帮助公司每一个部门理解品类如何运转，以及它们在其中扮演的角色，这是动员工作的一部分。所有这一切意味着品类王战略的明确与实施。

如果你是一个正在经历动员过程的公司的领导人，你应该注意观察和体会它将对许多员工产生的影响。

动员工作要有号召性，因为它得让每一个人的工作都聚焦共同的目标。在其他情况下，动员工作能让产品和工程师团队抓狂。如果你需要告诉他们，他们的"孩子"应该更高点、更聪明并且换个名字，最好小心。希望你在和一些世界上最聪明的工程师共事。他们对自己的工作有感情，十分骄傲。尊重他们的情感，每一次开会都要记住。

还 要 做 好 受 到 敏 捷 与 极 限 编 程（Agile and Extreme programming）爱好者抵抗的准备。他们会说，他们的方法证明蓝图不清晰或行不通。敏捷与极限编程是短平快的工作流程，目标是在每项工作最后冲刺时迅速设计出足够好的产品。于是，常常会出现这样的意见，"我们不会筹划 6 个月，更别说 18 个月"。但是，品类设计是速度与理念的博弈。在当下的环境，任何公司都能追求速度。品类控制速度是从大局出发。

产品主管可能会说，动员工作需要花大量的时间，在日常运营中要做出残酷的取舍。这是人性，也是闪电战想要打败的。当全公司在为特殊的日子（D-Day）进行为期三个月的赛跑时，领导层可以放话，任何对闪电战无益的事都可以搁置。

销售团队可能在季度业务审核（QBR）时、在周一早晨的通话中或在季度末给 CFO（首席财务官）的邮件中扼杀动员工作。他们要做的就是为失去一笔交易抱怨品类工作。公司领导层要理解这种冲突，在短期需求和打造品类之间找到微妙的平衡。在极端情况下，一些领导人必须为了以后的主宰地位牺牲眼前的收入和利润。

引力是一种每天都会用尽一切办法阻挠动员工作的力量。你要在今天需要什么和未来什么重要之间找到平衡。

衣服是否合身

在品类设计的动员阶段就能发现真相。领导层在发现品类和写出理念时可能在自己的能力、资源、动力和勇气方面"欺骗"自己。在动员工作中，没有人能隐藏自己。产品不起作用，营销糟糕，工程师团队太肤浅，销售团队承诺太多，烧钱速度太

快——对闪电战的任何干扰在现阶段都会非常明显。如果 CEO
和董事会没有魄力创造尚不存在的品类——现在这会非常明显。
如果领导团队不够团结——现在这也会非常明显。我们看过许多
CEO 在这个阶段像夏天掉在地上的冰棍一样——在还有一两周就
要行动的时候削弱整体行动。最后，他们不过是开展了很普通的
营销活动，算不上闪电战。

　　所以重要的问题在于：衣服是否合身？换句话说，你构思的
品类战略是否适合公司——我们称之为"公司品类匹配度"。也
许目标太大，就像八年级的男孩穿爸爸的衣服去跳舞一样；也许
目标太小。在准备闪电战的过程中，你会知道的。鉴于闪电战助
跑阶段的各种交叉关系，如果出现了问题，你会多次从不同的来
源听到它，然后你必须进行评估。问题总是不断出现——但它们
是能被修复的问题吗？你要开除并以更佳人选替换的 Zed 只有一
个吗，还是你遇到了一伙破坏计划的 Zed？几名一流工程师能修
复产品的漏洞吗，还是你好高骛远了？

　　我们和一家公司合作过，名字就不说了，它在这个阶段发
现衣服大了 4 倍。当时它已经提出理念，进入动员阶段。然而，
CEO 无法抵抗引力。与未来的市值相比，他对眼前的市场更心
动。与"不同"相比，"更好"让他感觉更舒服。因此，他无法
站出来为新品类造势。他的团队知道 CEO 的决心不大，这引发
了观望情绪——员工退缩，等着看是否真的会实施品类设计。公
司其他人不会支持品类设计并做好相关工作。这家公司的理念必

须收缩——收缩到只追求"更好",变得对市场无足轻重。我们怀疑这家公司永远都成不了品类王,这没什么——不是每一家公司都能成为品类王。

意识到衣服太大之后,还可能出现另一种反应。你也许断定这件衣服现在太大,但你能成长。你可以调整目标,把更大的目标先收起来。杰夫·贝佐斯创办亚马逊时并没有因为沃尔玛的崛起立志成为最大的零售商。他最初的目标是成为世界上最大的书店。就像他常说的,那就是公司名背后的含义:亚马孙河(Amazon River)是世界上流域面积最大的河,亚马逊网站要成为世界上最大的书店。贝佐斯一旦实现了最初的目标,便会树立更大的目标。在脸书早期,马克·扎克伯格可能会谈起用他的平台联结世界上所有人的远大目标。但是,这个目标对年轻的脸书来说太大了。脸书早期的目标是联结大学生。扎克伯格先把远大目标收起来,等到时机成熟再追求。

不过,希望你发现自己的目标是合适的。毫无疑问,你必须做一些调整。你也许要取消一些安排或放弃一些无法及时开发的功能。如果你在公司试着准备闪电战时感受到压力,你就知道自己的目标已经够远大了。你的首席运营官也许会像《星际迷航》(Star Trek)里的斯科蒂一样,冲进你的办公室大叫:"它挺不住了,船长!它要爆炸了!"但是,如果你认为压力只是开足马力的结果,你的船能挺住,那就请果断关上节气阀,发动闪电战。

引力的故事

为了让引力的问题不那么抽象，我们有两个故事要说。其中一个我们已经非常了解，这有关引力在 Macromedia 的多媒体网页动画设计软件——这个版本的故事我们大概没在其他地方说过。在另一个故事中，孤注一掷的公司克服了引力，打造出了伟大的工业品类——克莱斯勒的小型货车。

消费者互联网第一次爆发时，网络还不能处理动画，更不用说音频和视频了。家用调制解调器的速度只能传输很小的图片。1996 年，Macromedia 收购了一家名叫 FutureSplash 的动画公司，并开发出了名为 Macromedia Flash 的动画图片与视频工具，和一个供用户下载到自己电脑上的动画播放器（Flash Player）。Macromedia 很受欢迎，很多主流浏览器纷纷与动画播放器软件进行捆绑。这使内容提供者能够通过 Flash 获得目标受众，进而创造了行业标准，于是大量网络视频都不得不运用 Flash。"我们培育了生态系统，所以没人能介入。"当时的 CEO 罗伯·伯吉斯（Rob Burgess）说。[5] 在 21 世纪初期，随着宽带进入家庭和办公室，Macromedia 成为无可争辩的网络视频软件品类王。Flash 的支配地位使它能对用户发号施令。拥有开发工具和播放器意味着 Macromedia 有不可替代的控制点，连微软都不得不与它合作。

2006 年前后，阿尔在 Macromedia 工作，这时 Macromedia 刚被 Adobe 收购。这时，数字视频的基础开始动摇。成立于 2005 年的 YouTube（视频网站）横空出世。YouTube 上的视频快速地增加，网站发展迅速。2006 年 7 月 1 日，据 YouTube 公布，每天有 6.5 万条新上传视频。2006 年 10 月，谷歌突然以 17 亿美元收购了 YouTube。由于 YouTube 运行 Flash，突然间，有谷歌撑腰的 YouTube 开始对采用何种视频软件有了巨大的话语权。同时，第一代智能手机进入市场，诺基亚全球领跑。NTT DOCOMO（日本最大的移动通信运营商）和 KDDI（日本老牌电信运营商）创建了世界上增长最快的、基于 Flash 内容的数字生态系统。[6]威瑞森电信（Verizon）和 AT&T Wireless（美国电话电报无线公司）大大加强了在美国移动服务供应市场的影响力，把为那些新的智能手机用户提供新型"数据服务"作为焦点。在这种背景下，苹果公司开始开发将于 2007 年推出的 iPhone。

这时，引力开始阻碍 Flash 的发展。此时经过验证的市场是台式机和笔记本电脑用浏览器播放视频的方式。Macromedia 向旧生态系统的开发与销售投入了大量资源。YouTube 需要高清视频，Flash 团队自然选择满足用户的需求。Macromedia 可以看到移动端即将爆发，着手研发能在智能手机上运行的精简版 Flash（Flash Lite）。即便如此，引力使得这项工作主要服务于诺基亚的需求——当时的手机行业巨头。Verizon 与 AT&T 提出了需求，它们希望 Flash 转移到自己的网络上但不占用大量带宽。然后，史蒂夫·乔布斯带着他的 iPhone 计划找到 Adobe。当时，Apple 的影响力很小，在移动端也没有一席之地。乔布斯要求 Flash 必须能在 iPhone 上运行，就像能在笔记本电脑上运行一样——这在当时是个非常高的要求，尤其是考虑到智能手机上有限的运算资源。来自不同用户的需求清单越来越长。来自某些客户的引力驱使 Macromedia 团队选择眼前的合约、承诺和收入。从很多角度来说，这在当时是合理的选择。针对苹果公司提出要能在 iPhone 原型上运行的 Flash，Macromedia 只分配了 4 个工程师——回想起来，资源投入得太少了。

阿尔是决定向引力妥协的 Adobe 领导团队成员——把 Flash 的大量资源分配给当时的大客户和下一版 Creative Suite（Adobe 创意套装），没有押宝苹果公司。总有一些商业决定你希望可以重新做一次。我想，这无疑是阿尔想重做一次的决定。

当乔布斯意识到，Flash 在苹果产品上的运行速度不会提高太多，反而会消耗过多 iPhone 资源，他炮轰 Flash，发誓决不让苹果公司的移动产品支持 Flash。后来，随着 iPhone 和 iPad 大卖，他彻底放弃了 Flash。话语权转移到苹果公司手中，开发者和内容供应商开始抛弃 Flash。Macromedia，曾经的品类王，成为引力的牺牲品——引力就是这样，它能使任何打造与维持品类王的努力偏离轨道。

在 Flash 决战的 20 年前，即 20 世纪 80 年代，克莱斯勒通过开发底特律最与众不同的汽车克服了引力。事实上，在克莱斯勒之前，通用汽车和福特都制订过推出介于汽车和卡车之间的家用货车的计划，但计划都被引力扼杀了。通用汽车转而决定投入资源开发小汽车，以应对来自日本的竞争（回想起来，那是个糟糕的品类战略，因为日本当时是小汽车品类王）。在福特，领导层竭尽全力却不敢推广与众不同的产品。克莱斯勒能与引力开战有两个重要因素：一是 CEO 李·艾柯卡（Lee Iacocca）愿意为与众不同的产品赌上职业生涯；二是克莱斯勒状况非常糟糕，它必须获得突破性的进展和定义品类的成功，因为它不可能有资源或时间仅靠"更好"去竞争市场份额。基本上，克莱斯勒在 20 世纪 80 年代开始时，发现自己的地位和许多今天的创业公司很相似：一切取决于它能否创造、发展和主宰一个新品类。"这家公司对大家已经成为历史，"当时迷你货车项目的工程师格伦·加德纳（Glenn Gardner）回忆说，"我们需要成功，让每个人记住这家公司。"[7]

根据对大量"婴儿潮"一代刚刚开始为人父母的人口统计研究，艾柯卡为新交通工具将进入的空白领域描绘出清晰的蓝图。这成了克莱斯勒的理念。迷你货车的定位必须优于旅行轿车，因此它要有汽车的舒适与功能，还要有卡车的内部空间。但是，车顶必须足够低，才能停进居民车库。同时，从前排必须能看到车头，这样方便司机停车。所有这些意味着，他们要打造一款前所未有的前轮驱动的货车。克莱斯勒必须翻新位于安大略温莎的整个工厂，提出与理念相符的独特营销策略，为新产品培训成千上万的汽车经销商，同时确保工程师不妥协或偏离"与众不同"。每件事的成本高得惊人——在 20 世纪 80 年代这大约需要投入 7

亿美元，相当于 2015 年的 20 亿美元。艾柯卡从公司的其他项目抽调资金，放弃眼前的部分利益，因为他相信未来能大获成功。"艾柯卡支持它，"史蒂芬·沙夫（Stephan Sharf）说（当时他负责克莱斯勒的生产作业），"我们资源并不充足，有许多其他产品需求。"[8]

引力的作用很大，足以阻碍这个战略。但是，艾柯卡竭力宣传推广，公司其他人都认同了。围绕"让每个人记住"的渴望，公司上下建立起同甘共苦的氛围。

1983 年，克莱斯勒推出迷你货车生产线。它的表现符合品类王的特征。评论员和买家迅速理解了迷你货车填补的"空白"——如何体面地服务一个郊区家庭。1984 年迷你货车的销量迅速飙升到 19 万辆。10 年后，三个月的销售量就达到这个数字。迷你货车成为自己的品类，每一个主要竞争对手——通用汽车、福特本田和丰田——用竞品进入这个品类。所有这些努力都加强了这个品类的吸引力，最大的受益者则是品类王——克莱斯勒。在以后的 30 年里，克莱斯勒占据了该品类大部分市场份额和利润。2014 年，克莱斯勒的两款迷你货车——克莱斯勒城乡款（Chrysler Town & Country）和道奇豪华款（Dodge Grand Caravan）——共同占据了 49% 的美国迷你货车市场份额。本田和丰田分别占 23% 和 22%，其余厂商占 6%。[9]

影响你偏离正途的引力可能是残酷的。但是，如果你能动员全公司打败它，从长远来看是值得的。

独角兽动员指南

第一步：谁？

进行动员需要两个重要角色。

一个是 CEO。没有其他人能让整家公司支持并完成动员工作。CEO 必须完全相信品类设计计划，在整家公司和生态系统中进行宣传，并在付诸行动时继续坚持。

另一个是闪电战总指挥。这个人要全程跟进，关注所有交叉关系，发现问题就敲警钟。总指挥不能是 CEO（CEO 不能保证充足的时间），但要能直接向 CEO 汇报。这个人可能是领导团队的任何人——CMO、CTO（首席技术官）等。

第二步：启动闪电战

理念确定之后，要立刻为发动闪电战确定日期，即在 3~6 个月之内。寻找能借势的事件或是其他在那一天发动的理由。

接下来，决定闪电战要传达的信息。目标是谁？对每个目标来说，from/to 是什么？那天要公布什么？如何公布？什么要提前准备好？它们如何实现品类承诺和公司理念？要像对待自己的人生重要时刻那样，定下日期，做好规划，逐步落实，及时完成所有任务。

第三步：调动每一个人

如果你知道闪电战要传递的信息，要立刻判断公司各部门必须为此做些什么。把各部门的负责人纳入规划，调动他们发挥自己的作用。确保闪电战的工作精神传达到每一个员工，这样每个人都知道自己的任务。

同时，CEO 要寻找 Zed，观察需要解决的问题，确保闪电战奏效。

第四步：草拟 4 份重要动员文件

你正在同时设计产品、公司和品类。你是这样设计品类的——在品类蓝图、产品分类法、使用实例和生态系统的文件中详细说明。如果你成为品类王，解决了品类提出的问题，品类会是什么样？用看得见的资料呈现。思路不要局限于你的公司——想象一下，如果出现了一个健康的品类，你是品类王，这个品类会是什么样？要向投资人、用户和竞争对手证明，你已经彻底思考过，也知道怎么做。这样能吓退潜在的竞争对手。

第五步：看看衣服是否合身

动员阶段能发现真相。没有人可以隐藏。一家公司能发展到什么程度，这个赤裸裸的现实会变得十分明显。CEO 要关注这些信号——至关重要的是，对自己能否实现品类王战略的目标足够清楚。

评估公司的实力与理念，看它们是否匹配。如果衣服太大，剪裁是必要的——缩小理念中的目标。

有时候，也许衣服明显太小。这说明，目标过于保守。这时就要判断公司是否需要扩大目标。

第六步：注意问题

如果你听到工程师说，动员工作要花 600 个小时——他其实在说"去你的，我们不做"。

如果 Zed 不参加会议，他也许是去搞破坏了。说自己没参加会议也没参与决定，这是 Zed 拒绝履行义务的经典借口。

如果团队里的每一个人都不知道行动的期限和他们的目标，则是动员总指挥的失职。

如果 CEO 不在每一次执行团队的会议上询问闪电战的最新情况，那么这家公司实际是在筹备营销活动，而不是定义品类的活动。

如果董事会不知道你在准备闪电战，他们看到"营销"的支出就会生气。

如果销售团队中一向在营销工作上没有主见的人开始说用户"不喜欢这个信息"，那么这些销售人员其实已经完不成业绩了，他们会把原因归结到动员工作和闪电战上。

如果你是 CEO，发现公司中出现了任何上述情况，你要加倍努力去推行品类战略。

第七步：把事情做好

　　最大的挑战是让每一个人坚持到闪电战那一刻，然后一切顺利，正常运转。这需要智慧的管理和辛勤的工作。就像《星际迷航》里的星际飞船"进取号"，压力会让你飞得更快，离目标越近，直到整条船仿佛要爆炸一样。请继续前进，继续工作，完成扫尾工作，做出必要的改进。盯住目标。相信闪电战会让世界屈从于你的意志。

第 7 章

营销：引领潮流

如何获得关注

通过创造 LSN 这一新品类，Sensity 这家创业公司实现了海盗式入侵，令 GE（美国通用电气公司）、思科和飞利浦（Philips）这些巨头猝不及防，迫使它们跟进和应对。2013 年，LSN 在一周之内从默默无闻变成全球闻名。那一周，Sensity 打了一场非常漂亮的闪电战。

在上一章，我们分析了如何动员一家公司准备闪电战，但我们尚未介绍闪电战是什么、它们的影响以及如何借鉴它们的经验把你的公司打造成品类王。这是我们要在这里做的，就从 Sensity 的故事开始。

如我们所说，闪电战是烧钱的事，聚集公司资源博出位，开始引导市场。不过，Sensity 没有什么资源可聚集。这家斗志昂扬的创业公司以 Xeralux 的名字经营过三年，当时它的自我定位是 LED 照明公司。然而，CEO 休·马丁有更大的计划。他把 LED 灯装配上传感器，探测空气、声音、天气和其他要素，把灯变成了分布式数据采集中心。往小处看，这种数据能告诉购物中心的业主，停车场什么时候会满。往大处看，如果这些灯分布在全球，它们就能跟踪人口迁移模式或者探测地震。这个想法远比照明宏大。它是个新品类——是照明、网络和数据科学的集合。在内部，马丁和他的团队做了品类定义工作，把它命名为 LSN。他们提出一个理念，并把公司名 Xeralux 改成 Sensity。接下来，这个小公司和它独特的品类面临的大问题是：Sensity 必须脱颖而出。

2013 年 1 月，马丁和他的首席营销官艾米·李（Amy Lee）在日历上圈了一个日期：2013 年 4 月 23 日。在这天，世界各地的照明设备制造商及其客户都会在费城参加国际照明展年度大会。Sensity 要在这天发动闪电战。如果一切顺利，只有 43 名员工的 Sensity 会"劫持"大会，利用它把人们的注意力转移到 LSN 上。[1]

当时，距离闪电战还有 4 个月。和我们在上一章说得差不多，闪电战有强制动员作用。马丁和李设法联系了几个知名记者，希望至少找到一个人为 LSN 写一篇能在 Sensity 闪电战当天见报的报道。Sensity 对外宣称它要在那天宣布重大消息。他们接触了

《华尔街日报》的唐·克拉克（Don Clark）[2]。克拉克对 LSN 的故事感兴趣，同意到 4 月 23 日再发表，条件是独家报道。"劫持"照明展的各项工作似乎准备就绪。然后，正如经常发生的那样，计划赶不上变化。

由于一个不寻常的机缘，Sensity 认识了萨尔瓦多（El Salvador）总统卡洛斯·毛里西奥·富内斯·卡特赫纳（Carlos Mauricio Funes Cartagena）。富内斯做过记者，当他听说 Sensity 和 LSN 之后，便向 Sensity 表达了合作意向。他想在萨尔瓦多引进 LSN，用于加强治安和监视国家港口。他 4 月中旬在华盛顿，建议双方在 4 月 18 日发表联合声明。Sensity 同意了，它知道萨尔瓦多引进 LSN 的声明正好能成为闪电战的前奏。

然后，2013 年 4 月 15 日，两枚"高压锅炸弹"在波士顿马拉松终点线附近爆炸。这个暴行及随后搜寻嫌犯的进展引发全美国关注，成为焦点新闻。《华尔街日报》的克拉克意识到，Sensity 的 LSN 具有探测异常行为功能，也许能就某个人放置炸弹的行为向政府发出预警，他判断自己的 LSN 报道要立刻发表。[3]

于是，Sensity 的闪电战拉开帷幕：4 月 16 日，克拉克所在的《华尔街日报》报道了 LSN 的故事；[4] 两天后马丁在华盛顿与萨尔瓦多总统一道亮相；5 天后照明展开幕。因为 Sensity 已经深入思考了自己的品类战略，所以它能利用事态变化层层推进闪电战。到照明展开始时，"我们的宣传造势非常成功，展位人气一直很旺"。李回忆说。闪电战的主要活动应该是下午晚些时候在照明展举办的大会，用免费酒会吸引人参加。李一开始还担心没什么人参加。那个宴会厅可以容纳 338 人，但她只准备了 200 把椅子。结果，参加的人把大厅围得水泄不通。进不去的人就站在门口听。和最棒的海盗一样，Sensity 随机应变，最后成为一周的热点话题。

结果呢？闪电战之后不久，有关 Sensity 和 LSN 的报道就出现在《纽约时报》（ *New York Times* ）、《圣荷西水星报》（ *San Jose Mercury* ）和至少其他 6 家商业杂志上。与萨尔瓦多的合作吸引了拉美媒体并在西班牙语社交媒体引起热议。报道把 LSN 说成正统的 "东西"（ legitimate "thing" ）。照明行业的人开始使用这个词。由于 LSN 的概念及其能解决的问题是由 Sensity 提出的，因此 Sensity 成了品类王。2014 年秋，思科公开承认 Sensity 为 "LSN 先锋"，两家公司签订了战略协议。之后不到一年，Sensity 就从思科、敏锐照明（ Acuity Brands ）、GE Ventures 和西蒙地产集团（ Simon Property Group ）获得 3 600 万美元投资。它仍然只有 80 名员工。Sensity 就像 18 世纪的海盗，比世界上最强大的海军还领先一步。它就是从那一周的闪电战开始发迹的。

刺激市场

一场伟大的闪电战是一次品类定义事件。它提出一个新问题或一个能用新方法解决的旧问题。它告诉全世界，这家公司——发起闪电战的公司——知道如何定义问题并解决问题。它让潜在用户相信这家公司有解决方案，让潜在竞争对手害怕并召开紧急董事会。

闪电战是在很短的时间内发生的单个事件或一系列事件，有许多形式。它可能利用一个现成的会议——Sensity 就是这么做的。它可能利用产品发布或新一轮融资的契机。它可能是为发动闪电战特地举办的行业峰会。Macromedia 在 2014 年就是这么做的，当时阿尔还在那儿。Macromedia 创办了 Macromedia 体验论坛（Macromedia Experience Forum），邀请数百人去阿纳海姆（Anaheim，美国加州西南部城市）万豪酒店探索"提供伟大数字体验的新方式"。发言的人有前副总裁阿尔·戈尔（Al Gore）和《体验经济》（The Experience Pine）一书的合著者约瑟夫·派恩（Joseph Pine），这个事件让 Macromedia 成为行业高管心中"重视体验"的公司。

苹果公司也许是 21 世纪最擅长发动闪电战的公司。它的秋季产品发布会和夏季世界开发者大会（Worldwide Developers Conference）是备受期待的年度事件。因此，苹果公司基本上都是利用自己的大会发动闪电战，发布 iPad 或苹果手表这种具有品类定义性质的产品。和真正的闪电战一样，苹果公司在发布会上总是大秀肌肉，公司所有部门、合作伙伴和生态系统同时发力。好莱坞大片上映就是熟练的闪电战。为了在电影首映当周周末尽可能吸引大批观众，大事件——电影首映——通过引发媒体和好莱坞生态系统的关注竭力宣传造势。整体想法就是立刻让这部电影成为大片，这样人们就会把它当成不容错过的大片。2002 年，迷你美国（MINI USA）开始打造一个汽车新品类，它拥有 MINI Cooper（宝马旗下一款汽车品牌）的特性：路上最小的汽车，但性能好又有趣。MINI USA 的闪电战包括在 22 座城市巡展，把 MINI 汽车放在 SUV（运动型功能汽车）车顶上——既调侃了 MINI 的大小，又取笑了在 SUV 车顶上放自行车和皮艇的情况。MINI 的广告活动宣传的是有趣的"兜风"，而不是日常的开车——一个"不同"的理念，而不是"更好的"。

闪电战并不是新现象。1964 年 4 月，IBM 发布 S/360 大型计算机，这是计算机技术史上最成功的闪电战之一。在那之前，计算机——当时占满整间屋子——要针对每种主机量身定做操作系统。一种型号的电脑上的数据和程序不能在另一种上使用。没有兼容计算机这种东西。S/360 在计算机领域创造了新品类——真正能随着业务发展而扩展的系统。尽管到 1964 年 IBM 已经成立了 50 年，S/360 仍然是 IBM 的一场豪赌。IBM 将所有资源集中到 S/360 上，包括工程、营销和销售在内的所有人都必须为发动闪电战共同努力。那天，IBM 邀请了数百名记者和客户参加其在纽约州波基普西市（Poughkeepsie）工厂举办的发布会。IBM 分布在全球 165 个城市的办事处也同步举办了发布会。（1964 年无法用网络同步直播！）为了把竞争对手吓得魂飞魄散，发布的细节有意制造出势不可挡的气息。S/360 不仅有 6 种不同的处理器能力和众多存储选项，还有包括磁存储器、打印机、穿孔卡片阅读器在内的 54 种外部设备。IBM 的 CEO 托马斯·沃特森（Thomas Watson）告诉参加波基普西发布会的人，这款革命性的产品"不仅开启了计算机的新时代，更开启了商业、科学和政府领域应用计算机的新时代"。[5] 这正是那种你想在闪电战中听到的定义品类的话。

IBM 的发布会令业界震惊。第一个月 IBM 就接到 1 000 多份订单，接下来 4 个月又接到 1 000 份订单。（要知道，这可不是什么个人用的小玩意儿，而是机构用的大型计算机，价格昂贵。因此，1 000 份订单是前所未有的。）到 1966 年年末，IBM 安装了约 8 000 台 S/360，一个月发货 1 000 台。1966 年，IBM 的收入是 42 亿美元，比 4 年前多了一倍。1966 年，IBM 有 1/3 的员工是从启动 S/360 项目时招的。1964 年，IBM 有 7 个重要竞争对手，到 1971 年，两个消失了，剩下的 5 个加起来占到的市场份额可以忽略不计。S/360 闪电战——品类设计的完美实施——让 IBM 在接下来的 25 年里完全主宰了计算机行业。

闪电战对用户大脑的影响

在 2015 年第二季度，风投在全球向 1 800 家公司共投资了约 320 亿美元。[6] 这只是一个季度的情况。对每一个获得风投的公司来说，又有 50 或 100 家公司从天使投资人那里获得启动资金或刚烧完投资人的钱。过去 25 年，开发和发布一款基于软件的产品的成本已经是或者甚至不到原来的 1/100，所以人们开发和发布的新产品越来越多。这么多公司、产品和服务问世，竞相吸引我们的注意力。如果一家公司能吸引一点点注意力，它就成功了。如果它不能，就会失败。吸引注意力的一个方法是做点轰动、大胆的事，这会引起目标人群的关注，为人们植入一种想法："这家公司比其他任何公司更懂我的痛点，它一定能提供解决方案。"

这是闪电战的简单逻辑。你必须做点儿什么，先声夺人并引起人们的关注。这既适用于面向企业用户、需要影响采购人员的企业，也适用于面向消费者、必须影响大众的企业。

但是，吸引注意力并植入你的公司能创造和领导新品类的想法，这背后有深刻的商业原因。这些原因要追溯到 20 世纪 60 年代至 70 年代的研究。里斯和特劳特在《定位》一书中引用过。两位作者注意到，领导者就是"把带有他或她烙印的品类植入人们的大脑中并不停地重复"。[7]

另一个原因是在帕洛阿尔托（Palo Alto，美国旧金山附近城市）与理查德·梅尔蒙（Richard Melmon）畅饮时发现的。梅尔蒙曾是美国艺电（Electronic Arts，全球最大的互动娱乐软件独立开发商和发行公司）的联合创始人，现在是牛棚资本的合伙人。在 21 世纪初审视创业公司时，梅尔蒙回想起自己职业生涯的开端——当时技术行业认可了波士顿咨询集团的一项研究，叫"经验曲线"（experience curve）[8]。这项基于数据的研究表明，一个市场领导者——尤其是品类王——获得知识和经验的速度快于第二名，所以它能迅速掌握如何以比竞争对手更低的成本制作更好的产品，比竞争对手更了解消费者和市场。所有这些都会巩固和扩大它的领先地位。50 年前波士顿咨询集团就证明了品类战略的威力。但是，正如梅尔蒙所说，"经验曲线"的优势在于把领导者植入潜在用户的大脑。"这不是单纯的概念——这是物理现象，"梅尔蒙告诉我们，"你的大脑里有神经元和连接网络，它们与在物理上植入想法有关，能改变实际物理结构。"[9]如果一家公司能做点儿什么把某种想法植入潜在用户的大脑，就能降低公司获得新用户的营销成本。换句话说，领导者获取用户的成本和难度下降了，而竞争对手改变用户想法变得更困难，这会提高那些竞争对手获得新用户的成本和难度。用户获取优势会衍生出其他"经验曲线"优势，形成飞轮效应，继续加强品类王的优势并将竞争对手置于不利地位。

闪电战要打得又狠又快。它的目标是在尽可能短的时间内影响尽可能多的目标用户，立刻将竞争对手置于"经验曲线"错的一端。1994 年它帮了 IBM，21 世纪它帮了苹果公司和 Sensity 这样的公司。有时，一场成功的闪电战及其余波能够创造出压倒性"经验曲线"优势，导致没有人愿意投资竞争者。如果竞争性的创业公司得不到顶级风投的投资，或者大公司取消了内部的竞争性项目，品类王的挑战还没出现就消失了。

如何锁定闪电战

真正的闪电战并不是从选择目标着手的。它随机选择某个倒霉蛋，比如，碰巧是一片开阔的海滩上最高的建筑物。然而，在商业中，闪电战必须采用另一种方法。你必须先精准锁定目标人群和期望的结果，再反向推演、资源倒拉。

Sensity 的 LSN 既采用了闪电战，又利用了网络和数据。Sensity 可以在一个与会者能立即理解 LSN 的企业技术大会上介绍它的理念。但是，品类王要的是"与众不同"，而不仅是"更上层楼"。在物联网兴起的时代，技术专家也许不认为 LSN 有多"不同"——最终，联网的照明设备也许只是又一出物联网大戏，碰巧联网的是照明设备而不是恒温器或鞋。Sensity 的目标不是技术专家——它的目标是照明业的人。Sensity 意识到，在照明展发起闪电战也许正是颠覆行业的契机，在照明设备的设计者、制造者和购买者的大脑中植入 LSN 能解决的问题。"照明展的主题是灯，我们在这里谈论传感器和网络，"马丁说，"我们认为，如果我们做对了，未来 20 年这个展览的主题将是提供照明网络的服务和应用，而不仅仅是照明设备。"[10]

因此，Sensity 对自己的目标人群和期望的结果进行研究之后，认为自己要让照明业的人开始觉得非智能照明设备是个问题，至少是资源浪费，LSN 是最强大、最成熟的解决方案。任何考虑闪电战的人都要经历类似的思考过程。不能期望一场闪电战一下击中所有潜在目标，而是要击中正确的目标人群——包括目标客户、行业分析师、意见领袖和媒体，在正确的时间运用"经验曲线"。

接下来的问题是：何时何地发动闪电战才能击中正确的目标人群？有时候，这是由时间表决定的。记住，我们建议在 3~6 个月内筹备闪电战，因为另一个目标是推动内部的动员工作。所以，查找信息，看看未来 3~6 个月，你的目标人群可能在哪里。贸易展和行业活动是目标人群集中的场合。展会或活动越具体，你弄出动静和"劫持"宣传的机会越大。事实证明，照明展非常适合 Sensity。像消费电子展（Consumer Electronics Show）这种人潮涌动的大型活动可能是场灾难，因为它无法制造话题。

贸易展和行业活动并不是仅有的选择。一家公司可以自己举办活动，邀请潜在消费者、行业分析师和媒体中的目标人群。只有当这个活动看上去比产品发布会盛大才能起作用。你的目标人群不会参加华丽的商业秀，但是会参加内容好、水准高的交流活动，比如宴会上的免费酒吧。的确，举办这样的活动成本很高。不过，比起在全国性的电视台投放广告之类的做法，这样做成本更低、影响更大。

苹果公司的策略是利用它的重要产品发布会发动闪电战，尤其是当那些产品意在创造新品类时，iPod、iPhone、iPad 和苹果手表都是这样。IBM 的 S/360 也类似，既是举办产品发布会又是发动闪电战。不是所有的产品发布会都是闪电战，也不是所有的闪电战必须包括产品发布会。想想你的目标人群、时间表和产品计划，看看怎样做更有意义。

我们也看到过围绕重要融资活动组织的闪电战。谷歌提出上市申请时，利用提交宣布它将成为一种新的技术公司。谷歌就是在这时提出"不作恶"（Do not be evil.）的宗旨。谷歌创始人在与首次公开募股招股书一起提交的公开信中写道："谷歌不是常规企业。我们也不打算成为常规企业。"它追求的是"不同"，不是"更好"。它会着眼长远，疯狂冒险。它将由拉里·佩奇（Larry Page）、谢尔盖·布林（Sergey Brin）和埃里克·施密特（Eric Schmidt）共同领导，而不仅仅是靠 CEO。这场闪电战中没有举办实际活动，它更像是创始人针对金融界和技术界发起的媒体宣传活动。[11]其他公司则围绕私人融资或其他重要融资活动组织闪电战。

一旦你确定了闪电战的对象、时间和地点，下一个问题就是，内容是什么？

关于内容，要求有两个。

第一，内容必须足够大气、大胆和不同，才能引发关注、影响目标人群的想法。这也许意味着，邀请比尔·克林顿这样的超级嘉宾，或者与萨尔瓦多总统一起亮相。这也许意味着，说一些人们没听过的话（比如，一家公司说自己"不作恶"）。这也许意味着发布一款惊人的产品（比如，iPhone）。如果有争议，选更大气、更大胆的。记住这是闪电战。你不是在控制预算，所以你可以像涂花生酱一样大量投入营销资源。你要倾其所有，确保一战成名。

第二，先宣传品类问题，再宣传你的产品或服务。用闪电战定义能被解决的问题，再帮助你的目标人群理解如何解决问题，带他们踏上改变（from/to）的旅程——告诉他们采用了你的解决方案，情况会发生怎样的转变。如果当你大力宣传解决方案时，目标人群还不明白问题所在，那么不论你说什么，他们都不会理会。问题是打开目标人群思路的关键。

别忘了，活动本身必须与内容和目标人群匹配，否则就无法传递信息。Salesforce 的贝尼奥夫多次举办类似闪电战的活动，他写道："活动就是信息。确保你的每一个决定——包括地点、食物和演讲嘉宾——都很好地体现你的业务、传递你的信息。"克林顿和高规格的医疗峰会并不搭，就像一家灯红酒绿的夜店在吧台卖苹果马提尼。成功的闪电战既需要空战又需要陆战。空战是靠洞见改变人们的想法，但如果地面部队没有准备好在空军掩护后上场，推广实用的产品、达成交易，那么空战就失去了意义。

此外，我们还想教你一招。有时候预热（tease）也很有效——向目标人群透露一点儿信息。好莱坞精于此道。2015 年《星球大战》的预告片比电影上映早半年，在社交媒体引起热议。2015 年 7 月，Origami 采取了类似做法，借提出"营销信号"的概念获得媒体广泛关注——为后续宣传"营销情报评估"的闪电战做铺垫。苹果公司适当地"泄露"产品信息也类似预热。在咨询工作中，我们把这种手段称为"雷鸣"。[12] 适时、有趣的雷鸣有助于闪电战的成功。

总之，一旦定下闪电战的时间表，你就要为打响你的新品类做准备。你要发现并定义品类、提出理念、围绕长远目标组织公司和制定战略、动员公司为搅动市场做准备。为了这一天，你要做好一堆重要的品类设计工作。这样，当你发动闪电战，成为品类王的机会就提高了。这些工作能帮你做大。

现在，可以戴上你的海盗帽，做一个精明的机会主义者了。恭喜你！

劫持与狂欢

我们最喜欢的海盗故事之一发生在 Salesforce 早期。2000 年 12 月，Salesforce 刚成立 20 个月，在技术行业微不足道。当时的行业巨头庞大的微软，宣布收购大平原软件公司（Great Plains Software）。如果你从恰当的角度看，可以把大平原软件看成 Salesforce 的竞争对手。贝尼奥夫给员工发了一份备忘录，取笑这笔交易，指出它只会加速基于软件的 CRM 消亡，对基于云的 CRM 有利。贝尼奥夫在备忘录中说："微软大平原软件会给用微软路径开发 CRM 软件的公司造成'巨大痛苦'（great pains）。"然后，贝尼奥夫把这个备忘录透露给商业记者，他们忍不住在报

道中使用"巨大痛苦"的说法。[13] 这一招让 Salesforce 免费搭了
微软新闻的便车——还把 Salesforce 和微软联系起来。这就是我
们说的"劫持"。为了增加成为品类王的机会，精明的公司不会
把时间和金钱浪费在太客套的公关上。它们选择巧妙和尖锐的公
关手段。对初创企业来说，劫持大公司的公关活动或新闻，不失
为公关良策。

闪电战是真正的开始——定义、开发和主宰一个新品类的序
幕。闪电战一结束，公司就必须连续数年反复、不懈地实施品类
战略。虽然最初的闪电战能吓退潜在的竞争对手，但是你必须不
断地吓退它们。虽然闪电战的目的是把新品类植入潜在用户的大
脑，但是你必须不断地传递相关信息去强化印象。

劫持是不错的选择。

在本书前半部分，我们说过戴夫的 Coverity 利用丰田普锐斯
汽车存在软件问题的新闻，获得在电视上谈论软件测试价值的机
会——强化了 Coverity 正在创造的品类。这是利用正在发生的重
大新闻的典型做法。亚马逊利用了自己在 2002 年的 IPO。布兰
德·斯通（Brad Stone）写道："贝佐斯认为，公开募股可以成为
全球品牌宣传活动，加深亚马逊在用户大脑中的印象。"——更
不用说能用来打败 Barnes&Noble（美国最大的实体书店，全球第
二大网上书店），它当时正设法在电子书市场上打败亚马逊。[14]

闪电战的问题在于，一旦你做了就不能松懈。你得勤于"劫
持"。其实，我们建议通过 3~6 次闪电战牢固树立品类，每一次

和上一次的间隔不超过 6 个月。如果你是真正的海盗，你要通过与你创造的品类、你定义的问题和你提供的解决方案相关的提示不断地刺激用户和竞争对手，形成发动闪电战和劫持的节奏。一旦你进入了公众视野，你就要加深那些印象，使之永久化。不停出击是全公司的事，并不仅仅是营销团队的事；后续的闪电战和劫持不仅仅是营销活动，它们必须是公司行为。信息需要实际支持，所以公司必须持续动员，提高支持宣传的能力。总之，让闪电战成为全面战、持久战。

克里斯托弗和戴夫在水星互动时，协助公司实施了一次软件业的准海盗活动，并帮助它掌握了闪电战和劫持的技巧。公司不断加强产品品质和销售力度，结合 9 次全面闪电战，从 2002 年时还不为人知的公司发展到 2006 年被惠普以 45 亿美元收购——诚然一路上也碰到过一些坎儿。

1998 年，为以色列军方寻找恐怖分子的年轻人阿蒙·郎道（Ammon Landan）与企业家阿里耶·范格德（Aryeh Finegold）共同创办了水星互动。[15] 最初几年，水星互动专注的是单调的软件质量测试业务——深入软件开发部门，无人问津。后来，水星互动成了软件质量领导者。据克里斯托弗说，2000 年左右郎道想做大，跻身软件公司五强，便请来他和戴夫帮忙。水星互动开始发展技术、进行收购，这样它能在一家公司的各个层面监控和优化软件。和 Macromedia 一样，水星互动扩大的生产线有成为一袋门把手的危险——一堆软件产品却无法上升为品类。要实现远大目标，水星互动必须让产品之间产生关联性，为公司的解决方案讲一个更宏大的故事。水星互动需要定义、设计和主宰一个新品类。最终，正如前文说到的，这个品类是"业务技术优化"（Business Technology Optimization），简称 BTO。

水星互动为 BTO 构思的理念是：业务的开展离不开软件，如果软件不能流畅运行，那么业务就不能顺利开展。水星互动说，如果你想改善业务，你就必须优化技术。水星互动的口号变成"像对待业务一样对待信息技术"。时机也刚刚好。在 21 世纪初期，技术行业仍然受到互联网泡沫破裂余波的影响，企业客户都想削减 IT 成本、优化已有的软件。在克里斯托弗和戴夫的帮助下，郎道、CFO 道格·史密斯（Doug Smith）和水星互动的其他领导成员构思了符合时代精神的理念。理念一定下来，公司就发动了闪电战以获得公众关注。

BTO 发动的最重要的闪电战是 2002 年纽约那次，当时"9·11"恐怖袭击的阴霾尚未散开。水星互动举办了自己的活动，150 名 CIO（首席信息官）飞来参加半天的会议，其中包括史蒂夫·福布斯（Steve Forbes）和当时 CNN 人气商业主播卢·多布斯（Lou Dobbs）的对话。那天的活动以埃利斯岛（Ellis Island）的晚餐收尾。每一位来宾都能看到他们的祖先来到美国时的印记（registry）。那一年，水星互动获得了 4 亿美元的收入。

克里斯托弗说，从那时起，水星互动成了品类执行机器。在接下来的 4 年，它每隔 6 个月就发动一场闪电战——总共 9 场。

2003 年，郎道宣布他的目标是让水星互动跻身世界软件公司五强，挑战微软和 SAP 这样的公司。旋风般的活动使郎道作为2003 年的"年度企业家"登上《福布斯》封面。"我们反复研究竞争对手、合作伙伴和用户，"克里斯托弗回忆说，"我们把一切都纳入 BTO 的语境中。那是 BTO、BTO、BTO，一直是。我们设置议程，挑选对 IT 重要的话题。每一场闪电战就是一个我们能用 BTO 解决的问题。我们说明他们的问题，把 BTO 作为答案。"Mercury 世界——公司举办的大会，就像一年一度的埃尔顿·约翰（Elton John）大会。在闪电战间歇期，克里斯托弗和戴夫的团队进行劫持宣传。2004 年甲骨文收购仁科（People Soft）时，克里斯托弗借用了贝尼奥夫的脚本，他说这个并购就像看两只豪猪结婚，这种说法被广泛引用。正当人们在把工作岗位转移到国外的问题上争论不休时，把软件项目外包给印度的概念流行起来——水星互动利用了这种转变，以海外业务专家自居并与印度的威普罗（Wipro）合作。"我们要弄清楚世界正在发生什么，然后让自己成为中心。"克里斯托弗说。

接下来，不幸的事发生了。我们在前面提过。2005 年，许多技术公司——包括苹果公司——都因期权倒签 [①] 受到美国证券交易委员会（SEC）的调查。水星互动也卷入其中。郎道和另外三名水星互动高管（不是克里斯托弗和戴夫）被董事会开除并受到

---

① 指将股票期权日期写成早于实际授权日期，通常是为了使被授予人能够利用早期较低的股价获利。——编者注

美国证券交易委员会调查。水星互动的股价惨遭腰斩，混乱导致水星互动从纳斯达克退市。但事情是这样的：如前所述，一个品类需要自己的品类王，它希望自己的品类王成功，通常情况下品类热爱自己的品类王。金融丑闻发生时，水星互动的用户却在继续购买。出现最糟新闻的季度却是水星互动业绩最好的季度。最后，虽然遇到了困难，但由于水星互动定义、开发和主导了 BTO 这个重要的新品类，它依然有价值。这家公司也许受挫了，但这个品类没有。对水星互动产品的需求依然存在。2006 年，水星互动的收入超过 10 亿美元。那一年，惠普同意以 45 亿美元收购水星互动。

克里斯托弗和戴夫在水星互动的经历引发了我们对闪电战和劫持的许多思考，让我们相信坚持采用这种战术能巩固品类的发展和品类王的地位。

在本书前几章，我们分析了如何同时设计和发展公司、产品和品类。这个过程从定义品类开始，接下来是公司总动员、发动闪电战和劫持宣传，直到品类和品类王的地位牢不可动，任凭丑闻、战略失误、竞争对手、经济衰退或其他任何因素都无法打倒它。

如果达到了这种程度，你就主宰了一个生机勃勃的品类。你就成功了。你让所有没成功的人嫉妒。这时，你便能利用自己的地位变成全球商业中的异类：不断创造品类的机器。

独角兽宣战、劫持与吸睛指南

第一步：谁？

整个品类设计过程必须由 CEO 或公司的最高领导推动。闪电战也一样，由于它在品类设计中的作用，它必须由领导团队来构思和支持。我们建议，整个动员过程由一位总指挥（master controller）领导，他负责统筹闪电战那天要集合的所有动员工作。

你还需要一个能实施闪电战（实际活动）的人。这项工作涉及综合活动策划和内部公司辩论。这个人必须有丰富的跨职能技能（cross-functional），注重细节，擅长分析电子表格，尊重 CEO。这不是一个传统角色——你在领英（LinkedIn）上找不到"闪电战领导人"这样的职位，这是一个能做成事又不怕当海盗的人。由于世界各地的活动和新闻可能不同，所以跨国公司的闪电战领导人可能想组建一个由不同地区的人构成的紧密、协调的团队。这个团队必须成为整家公司一切最后期限、行动和所有人的事实来源。

另一个职位是"首席劫持宣传官"。这很可能是你的传播负责人。这个人要有创造力并善于抓住机会，了解公司的周边环境，能和媒体建立良好的关系，最好是一个海盗——他喜欢激战和冒险。

第二步：筹备闪电战

筹备闪电战与全员动员同时进行。随着全公司开始行动，闪电战的策划与实施也要开展起来。我们建议，开一个启动大会，设定最后期限，明确对闪电战的期望，对闪电战的目标达成一致。理想情况下，闪电战领导人要准备进度报告，列出所有的下属和他们的职责。这也许很棘手，因为如前所述，要做的事很多，必须要按正确的顺序做。所以，进度报告是个好帮手。安排周例会，和各部门负责人一起查看进度报告。谁没有执行会很明显，队友自然会给那些人施加压力。

第三步：策划事件

虽然必须动员全公司支持闪电战，但闪电战本身——事件和周边活动——必须精心策划和实施。其中一部分是事件策划——选好地点，定好调子，请好来宾，确保一切顺利进行。确保团队里有具备这些才能的人，他们与动员同步。事件是故事的一部分，要确保它们发出同样的声音、针对同样的目标人群，在一个地方汇集所有的动员工作——伴随产品和销售地面战的意识空战。

第四步：编纂文件

进行品类设计时，你会弄出一堆东西——理念、蓝图、生态系统，等等。现在要把这些东西打印成文件，融入代表公司的每一件事物当中：理念必须决定网站内容和体验；理念、分类法和蓝图都要在推销讲演和新人培训时有体现；新闻发布会必须传递公司理念和闪电战的内容；公司说出的每一个字都必须与品类设计工作同步。

第五步：开始时间

如果一切就绪，像 Sensity 那样，即使是最后一刻出现的新闻事件或意外机会都可以应对或利用。闪电战那天，你应该相信一切都会顺利进行，甚至好于预期。

闪电战之后保持执行机器前进。开始地面销售，开动营销机器，开展广告活动，开始劫持公关。

第六步：评估与前行

事件发生后闪电战并没有结束，你还需要认真审视所有结果，并且要坦诚。什么起作用了？什么没起作用？为什么？学习，调整，继续执行。正如迈克·泰森所言，人们在嘴上挨了一拳之前都是有策略的。不过，要随时准备改变策略。

找到你的闪电战影响竞争对手的信号，火上浇油；找到对世界产生的影响，加大力度。你那些筋疲力尽的团队也许有千里眼。让他们喘口气，用带薪假期和足量的金钱回报他们，然后让他们回到战场继续打拼。

下一步，你该筹划如何随着时间的推移扩大和主宰你的品类。

第三部分

基业长青的品类王

第 8 章

加速：从品类王到传奇霸主

如何成为可以颠覆世界的传奇？

脸书最初是帮助大学生交友的网站。10 年后，它创造出全球社交图谱。

谷歌最初是搜索引擎，15 年后成为数十亿人安排生活的亲密助手。

亚马逊最初是卖书网站，20 年后成为世界上最大的在线零售商。

星巴克最初是卖优质咖啡的舒适咖啡馆，30 年后，它成为世界"第三空间"——我们在家或公司之外的去处。

这些公司是如何实现这种转变的？答案是：它们成为品类王之后，始终坚持强大的理念，启动了帮助它们持续提高品类潜力的飞轮。

很简单，是不是？

加速原理

到目前为止，本书的内容一直在说什么是品类、如何开发品类。这一章讲的是如何主宰品类。

我们会更进一步分析。一旦品类王主宰了一个品类，它就能借此地位扩展品类，让品类潜力上升到更高层次——换句话说，增加公司的市场规模（TAM）。少数不断壮大的品类王不停地扩展它们的品类。它们的做法使它们总是成为自己定义的品类的王者。

有些品类王并不这样做。威睿公司开发了自己的虚拟化品类便几乎停下了，但巨大的品类潜力和威睿公司优势使得它能够长期收割品类利益。高明的品类收割战略并没有什么问题——后面我们会再说。

当品类王打造出我们所说的品类王飞轮——以此向吉姆·柯林斯（Jim Collins）的《从优秀到卓越》致敬。如果一家公司实施了我们到目前为止在本书中写的每一件事，飞轮会给予回报，不断加强品类王地位，为公司扩张和品类潜力扩展提供能量、资源和许可。

世界一流的品类王通过品类扩展战略——或者说把这种战略融入企业文化基因，收获颇丰。2015 年，脸书成立后平均每年创造的市值接近 200 亿美元。这超过 Workday 每年的收入。许多人认为，像脸书这样的公司，其成功的关键在于优秀的产品和销售能力。这固然很重要，但并不是全部。脸书在不断扩展社交网络的品类潜力时，还要引导投资者理解自己的战略。投资人相信的不仅仅是脸书的执行力，还有它主宰的品类的总体潜力。

在这里，我们会从介绍飞轮和它们如何工作开始，然后告诉你一些真实故事——因为这些是脸书、谷歌、亚马逊和星巴克等大公司崛起背后的故事。这会用到前面章节的素材，但并不是"新瓶装老酒"。这说的是最传奇的品类王如何整合我们介绍的每个环节。

飞轮的基础由我们在本书开头介绍的三大要素构成：公司设计、产品设计和品类设计。如果三大要素都很强并且同步进行，它们会相互补充，对公司和市场产生复合作用。由于卓越的品类王都是三大要素同步进行的，它设计的品类与提供的产品和运营的公司契合——为品类王带来天然、不可动摇的优势。

一家公司的价值在于其所属的品类，品类潜力是第一位的。如果投资人认为一家公司所属的品类蕴含巨大的、未开发的潜力，他们就会为涉足这个品类付钱。其次是公司在品类中的地位。如前文所述，品类王占有一个品类大部分的市场，所以投资人想把他们的钱投给品类王。最后才是业绩或运营。销售或用户增长都是结果，说明公司有效提供了品类需要的产品或服务。当投资人认识到品类潜力、公司在品类中的地位和公司运营规划时，他们看到了未来，便想分一杯羹。

　　如果你把 21 世纪初的谷歌和脸书进行比较，两者的公司、产品和品类难以区别。搜索是谷歌，社交网络是脸书。认为这家公司是品类王的人越多，乐于购买和使用这家公司的人就越多。用户会希望任何其他涉足那些品类的公司或产品与谷歌或脸书的行为和外在相似。但是，除了谷歌和脸书，没人能做到与它们相似。这个论点有点儿啰唆，但这就是重点：公司设计、产品设计和品类设计的工作和成果会共同作用，反过来影响彼此。唯一能打破这个循环的办法是创造让用户抛弃旧品类的全新品类。微软的搜索引擎必应永远无法打败谷歌，因为它试图模仿谷歌（微软越是拿必应和谷歌比较，人们就越认可谷歌的领导地位）。削弱谷歌的唯一可能是，出现一个让旧品类显得过时的新搜索品类。

　　要让飞轮真正转起来又不飞出去，品类王要有远大的理念。有了理念，公司自然知道往何处去。理念必须是量身定做的，这样公司的雄心才能与能力匹配。否则，公司无法实现理念，其糟糕的业绩会吓坏投资人。理念必须指明公司前进的方向，这样公司、产品和品类才能共同扩展，在增加品类潜力的同时避免飞轮失去平衡后破裂。

　　频繁的动员和闪电战为飞轮增添了强劲、持续、复合的动力。每次闪电战及其相关因素都给飞轮增添新动力。这种坚持做大的努力还有助于克服引力。业务和生活的日常现实总是妨碍品类设计，持续转动的飞轮像反作用力，把人们的焦点和努力拉回品类设计。

　　飞轮具有可操作性强、利润厚等优点。前面我们说过的经验曲线此时开始生效，这让品类王能用比任何竞争对手都少的资源做更多的事。随着飞轮的转动，品类王与竞争对手之间出现了鸿沟，要废黜品类王非常困难。飞轮一旦转起来，如果有挑战者想伸进一根手指，他就会失去那根手指。

　　品类王打造生态系统，生态系统又反过来为飞轮增加动力。对谷歌和脸书的飞轮而言，用户是生态系统的重要组成部分。用户每次在谷歌及其关联产品上做任何事，都会对谷歌的数据搜集做出贡献，这会优化谷歌的算法结果，让谷歌比其他用户更少的机构发展得更快。在脸书上，用户创建内容、彼此联系，持续地为脸书的飞轮增添动力。外部开发者是绝大多数技术生态系统的重要元素，他们对飞轮有巨大影响。他们开发附加组件、插件和不太相关的产品，扩展的范围是任何一家公司都无法触及的。外部设备制造商有同样的影响——GoPro 的品类王能力部分来自其他公司制造的各种相关小玩意儿。当品类王自身地位得到巩固后，开发者将从竞争对手转向品类王，创造吸引更多开发者的有效循环。任何接触品类王产品的人都是生态系统的一部分，都能感受到飞轮的强大吸附能力。

　　资金为飞轮增添燃料，飞轮转得越快，吸引的资金越多，进而能甩开竞争对手或扩展品类的收购。它有钱做广告和营销，从而扩大受众范围、压倒竞争对手。品类王有定价权，它将更多资金投入产品开发、营销推广、用户维护系统、内部管理系统——一切压倒竞争对手的环节。

数据越来越重要，尤其是对基于云的服务。在这种服务中，生态系统中的用户或其他任何人的每一个行为都会被捕捉，被分析，从而帮助公司改善产品、更好地为用户服务。数据搜集在过去不涉及数据分析的行业——如汽车、照明、住宅和餐饮，将变得日益重要。

当然，人才也为飞轮增添燃料，最优秀的人也想为品类王工作。他们知道，当一家公司将改变我们做事的方式时，它会创造新的职业机会，而且往往待遇优厚。由于品类王吸引了最优秀的人才，它们会打造出更加强大的公司、产品和品类。与品类王争夺人才是令人沮丧的。最终，同领域的其他公司只能获得次一级的人才——或者搬到波兰。

飞轮一圈又一圈地转动着，直到它的势头变得几乎不可能停止。如果飞轮转得够快，即使是战略错误也无法打断它。这就是为什么水星互动在受到联邦政府调查的季度，销售业绩反而最佳。

飞轮能成为商业中最强大的力量。从采用品类设计开始启动它，用动员和闪电战为它提供动力。通过扩展品类潜力来加强它。把这些事全做好，一家公司提高的就不仅是成为品类王的机会，而是成为改变人们的日常生活和工作方式的传奇品类王的机会。

从加速度看品类王故事

"当你成为大学生时，你就限制了自己的范围，"脸书 CEO 马克·扎克伯格在 2015 年夏天告诉《名利场》（*Vanity Fair*），"这就像从'我要为社会做这件事'变成'我要为网民做这件事'。但是，在某一刻，你达到一定规模，发现我们其实能解决更大的问题，它们将在未来 10 年塑造世界。"[1]

如果退回来看脸书的故事，你会发现由扎克伯克的强有力的、睿智的理念驱动着不断加速的飞轮，一步步为脸书定义的社交网络品类扩展潜在市场。只有最聪明的品类设计者才能实现这种涅槃。

在 21 世纪初期，脸书在哈佛校园创立——最初它叫"The Facebook"。只有拥有哈佛大学后缀邮箱的人才能注册成为用户。对其他大学校园开放后，它第一次扩展了品类潜力。六度空间（Sixdegrees）和朋友圈（Friendster）这样的社交网站已经出现，但扎克伯格一直把他的品类定义成大学生社交网。正如扎克伯格在《名利场》上所说，这个品类与公司当时的能力匹配，反之亦然。或者用我们之前打过的比方——衣服合身。校园先行的战略后来被证明是启动飞轮的关键。联合创始人达斯汀·莫斯科维茨（Dustin Moskovitz）甚至研究了选择这个品类的效果，得出了大学校园社交网络的密度对网站迅速发展至关重要的结论。每次脸书入驻一个新校园，飞轮就获得新的动力。一旦在大学生中打开市场，脸书便通过向中学扩张给飞轮提供巨大动力——把品类潜力从"大学生"扩展到"学生"。到 2005 年，脸书有将近 500 万名注册用户，几乎都是学生。[2] 脸书继续一步步做大。

除了有步骤地定义适合公司的品类，扎克伯克树立了一个远超创业公司地位的理念。脸书驱动飞轮和扩大品类，有时是有计划的，有时是偶然的，但都离不开扎克伯克不断修正的理念的指导。他的理念是通过人们在真实世界的关系建立线上关系。2005 年，由于更多的人开始使用带照相功能的手机，脸书增加了上传照片的功能。用户的热情令脸书大吃一惊。6 周之内，照片就用光了脸书为未来 6 个月准备的存储空间。脸书仍然是学生网站，但照片应用的方向让扎克伯格想到了社交图谱——脸书要映射出地球人每个人之间的关系。"他在构思一个有关脸书实质的宏大理论。"西恩·帕克（Sean Parker）告诉《脸书效应》（*The Facebook Effect*）的作者大卫·柯克帕特里克（David Kirkpatrick）。[3]

2006 年，脸书真正开始加速。资金来自顶级风投——吉姆·布雷耶（Jim Breyer）、彼得·蒂尔、马克·安德森（Marc Andreessen）——以及和微软的重要交易。这些资金驱动着飞轮并与竞争对手拉开差距。在 2005—2006 年，主流媒体大量报道脸书的故事。脸书新增了动态消息（Newsfeed）栏目，以让用户知道他们的朋友正在做什么。2007 年，脸书通过向开发者开放和举办首届 F8 开发者大会打造生态系统。到 2007 年年末，脸书吸引了 25 万名开发者和 2 400 万名用户。具备复合动力的飞轮非常强大，足以让脸书克服一次糟糕的战略决定带来的影响。2007 年

11 月，脸书上线了灯塔（Beacon）功能，它会自动向你的所有好友显示你刚刚在合作网站上购买了什么。因为有侵犯隐私之嫌，这个功能迅速遭到强烈抵制，危及脸书的品类潜力。（如果人们认为无法信任脸书，选择使用它的人就会迅速减少。）但脸书的飞轮有足够的能量帮助它渡过难关。扎克伯格为这个失误道歉，砍掉了灯塔功能。

　　到 2008 年早期，脸书的增长速度再次提高。在 21 世纪第一个十年过后，脸书强势进入移动端，不仅为智能手机设计产品，还收购了移动通信应用 Whats APP（类似微信）。由于智能手机比电脑多数十亿用户，这一转移再次扩大了脸书的品类潜力。脸书一再做大，重新同步设计品类、产品和公司，扩大了品类潜力。它让人觉得脸书的主宰是不可避免的。一个的公司的价值取决于其所属品类的潜力，以及它在品类中的地位和运营状态。脸书扩大品类潜力以覆盖地球上的所有人，打造强大的飞轮以保证品类王地位，呈现出履行承诺的结果。这就是为什么脸书在 21 世纪初期便成为 21 世纪成立的最具价值的技术公司。

　　从这个视角同样有助于我们理解其他公司是如何成为改变亿万人生活的国家商业巨头的。

　　谷歌最初只是搜索引擎，但它不久就认识到，搜索是向人们传递有用信息的途径。因此，佩奇与布林重新定义了公司的理念，即"组织世界信息"。这反过来扩大了谷歌的品类潜力——跳出网页信息的范畴，谷歌能组织的信息越多，它能服务的用户就越多。因此，谷歌把图书数字化，打造谷歌地图，推出谷歌邮箱，收购图片管理工具 Picassa，收购视频网站 YouTube，每次都扩展了谷歌可组织的信息类型。当智能手机会使谷歌品类潜力激增的形势明朗，谷歌开发了安卓系统，涉足移动端。谷歌一直在为飞轮增加动力——资金、用户、生态系统、世界上最聪明的员工和越来越多的数据——巩固它在任何自己定义的品类中的品类王地位。最棒的是，谷歌的行动证明它能履行承诺。最终，谷歌成了传奇的品类王。

从这个视角看亚马逊也是这样。它从卖书开始，虽然书的品类潜力有限，但是它适合当时的公司及其能提供的产品。"征服"书之后，亚马逊开始寻找品类扩大的方向——结果是 CD 和 VCD 这样的数字媒体。它制造了自己的飞轮，赋予亚马逊不断扩大品类的能力和权限，直到几乎覆盖零售业的每一个角落。飞轮甚至帮助亚马逊做出非常罕见的事：定义、开发并主宰一个不同于零售的全新品类。这个新品类就是云服务，亚马逊云服务就是品类王（下一章会有更多相关内容）。于是，亚马逊将其品类潜力几乎扩展到北美、欧洲和亚洲大部分地区的所有在线商店，在这些地区的大部分地区成为品类王，同时继续通过业绩证明它的经营能力。在 2015 年年中，亚马逊的市场份额超过了之前的零售业巨头沃尔玛。

每一种传奇品类王——不仅是技术领域的那些——都会制造飞轮并不断扩展品类潜力。星巴克就是个好例子。霍华德·舒尔茨（Howard Schultz）买了一家西雅图咖啡店，但是和扎克伯格一样，他有更大的追求：星巴克要成为人们在家之外的家。这是个潜力巨大的品类，舒尔茨在设计公司与合适产品的同时，绝妙地设计并开发了他的"第三空间"品类。他保证了飞轮的运转，确保星巴克一直是品类王，除了 2008 年金融危机后的小波动，星巴克履行了自己的承诺。到 2015 年，星巴克价值 800 亿美元，跻身世界上认知度最高的品牌之列。

飞轮和品类潜力也让我们明白为什么有些传奇品类王会衰落。回顾历史是必要的，因为正如哲学家乔治·桑塔纳亚所说，"忘记历史的人必将重蹈覆辙"。微软在辉煌时期有模仿者和迅速跟进者的名声。事实上，许多行业观察者认为微软的优势在于趋势。但是从我们的视角看，这是另一个故事。[4]

1981 年，IBM 决定在第一批 IBM 个人电脑上使用微软的磁盘操作系统（MS-DOS），微软基本上等于中了彩票。但是，盖茨很快意识到了他正在创造的品类：个人电脑操作系统。在设计产品和公司的同时，他也在设计这个品类。IBM 个人电脑及同类产品的成功帮助微软打造出了自己的飞轮。但是，个人电脑操作系统的品类潜力受到在其中运行 DOS 和应用问题的限制。要扩大品类潜力，微软必须制造更简单的电脑。它看到苹果公司和施乐正在用基于图形的导航做什么，明白这可以提高易用性，所以微软开发出视窗操作系统（Windows）。视窗操作系统扩大了个人电脑市场，使微软定义了新的普适个人电脑品类，提出了它著名的愿景：让每张桌子上和每一个家庭中都有电脑。[5] 微软后来的每一步——Office、Outlook 和 Explorer——都是通过增加桌子和家庭里的电脑数量或为那些电脑开发软件来占据更大的市场份额。在每一种情况下，微软都利用其在个人电脑领域的品类王地位为自己拥有的一切获取垄断地位。[6] 微软的飞轮急速转动，令竞争对手望尘莫及。在 20 世纪 90 年代，微软是主宰个人电脑软件的传奇品类王。

然后呢？这个品类失去了潜力。在 21 世纪，随着云计算和移动电话成为主流，大多数想要电脑的人已经拥有电脑，而由于人们能在网上、移动应用和云上做大多数事，所以拥有电脑的人希望减少软件数量。我们还怀疑微软受到 Windows、Office 和 Exchange 这类产品利润的引力影响。在寻找新的品类潜力时，微软尝试了那些没有飞轮的东西——事实上，它尝试的都是别人已经有强大飞轮的东西，注定会失败：在苹果公司推出定义品类性的 iPod 之后，微软试图推广 Zune；它学移动操作系统品类王——谷歌的安卓和苹果公司的 iOS——推出了手机操作系统；它学品类王谷歌推出必应；它学苹果商店上线微软商店……这些尝试都没能取得进展。十年来，微软股价"微软"，因为它打破了价值等式：它没有创造新的品类潜力，它无法打败新涉足领域的品类王，最重要的是它没有在电脑软件的飞轮之外发力。微软在做小上浪费了大量资金。

微软要把以前的运气找回来，就必须设计出具有新潜力的新品类并成为新的品类王。为此，微软必须立刻回到本书开头，进行品类设计。

品类潜力之"道"

微软的故事让我们想起我们经常说的话：每一位品类王的CEO 终将发现它目前的地位是增长的最大阻碍。这一刻会在它发现自己主宰的品类即将耗尽潜力时到来。

成为品类王很了不起。本书大部分篇幅都在讲如何取得这种成就。你获胜的奖励是——你得重新做一遍！没有品类王能主宰一个蕴含无限潜力的品类，即使是红杉树也高不到天上去。所有品类都是从设计和发展它们能开发的品类开始——也就是说一个有明确边界的品类。因此，每个品类王都会迎来大部分潜在市场被开发完的一天。到那时，业绩好坏就不重要了——投资人看到更多潜力，股价才会显著上涨。要继续迅速增长，品类王必须设计并打造出具备更大品类潜力的新品类。脸书或亚马逊这样的公司屡次经历这种循环。[7]

2015 年，ServiceNow（知名软件公司，全球前三大 SaaS 公司）正在努力克服这种困境，并与我们进行讨论。[8]弗雷德·鲁迪（Fred Luddy）于 2003 年创办 ServiceNow，瞄准了 IT 服务管理品类。公司为 IT 部门自动追踪上报问题并予以解决提供了基于云的管理方式。这有助于 IT 部门提高服务效率，收集数据进而

帮助公司优化技术。到 21 世纪第一个十年的末期，ServiceNow
成为品类王。它于 2012 年上市，市值约 20 亿美元，年收入是
9 300 万美元——所以它的估值是收入的 20 倍，估值极高。为什
么这么高？因为它开发了一个具有很大潜力的品类，并且成为品
类王，履行了自己的承诺。

但是，ServiceNow 不可避免地会遇到一个问题：IT 部门的
数量即潜在市场规模只有几千，全部潜在用户基数大约 400 万
到 800 万人。ServiceNow 还没有把这些人都变成用户，但投资
人能看到潜在市场有边界，所有股价不再迅速上涨。在估值等
式中，ServiceNow 已经因为 IT 服务管理的品类潜力获得回报。
ServiceNow 显然是品类王，交出成绩单，但股价陷入停滞。要让
股价再次上涨，ServiceNow 需要想出更大的品类潜力。

2015 年年初，CEO 弗兰克·斯鲁特曼（Frank Slootman，弗
雷德·鲁迪的接班人）告诉《财富》杂志："我们的使命是让
'IT'基本脱离服务管理的讨论。我们希望人们只谈论服务管理，
而不是谈论 IT 服务管理。言下之意，这要成为企业原则。"这是
怎么回事？[9] ServiceNow 已经帮助 IT 部门更好地服务公司的其
他部门。现在它想运用技术——利用飞轮的力量——帮助公司里
的每一个部门服务其他部门。如果它能将人力或市场部门与公司
其他部门的互动方式自动化并优化，它能大大增加——换句话
说，扩大品类潜力。大部分品类王遇到麻烦才会寻找新潜力。成
功是个坏老师。但是，在旧潜力出现问题之前，斯鲁特曼、CMO

贝丝·怀特和管理层中的其他人就对挖掘新潜力很积极。我们会持续观察 ServiceNow 的后续发展。[10]

CEO 怎样知道什么时候该扩展品类潜力？有些 CEO，如扎克伯克和贝佐斯，似乎能凭直觉感受到。他们有雄心壮志——连接所有人！卖所有东西！把每一次品类扩展当成向梦想迈进的一步。

对其他领导者来说，公司价值往往能体现品类扩展的需要。如果创业公司进行一轮融资后，无法在下一轮吸引投资，那么其品类战略的一部分或许多部分就泡汤了。如果上市公司的股价长期低迷，结果也一样。这时就该扩展品类潜力了。当到达现有品类的边界导致增长放缓时，有些高增长上市公司的管理层会掉入陷阱：他们不是专注扩展品类潜力，而是认为可以通过提高利润来刺激股价。不能从品类视角看自己的业务，他们就会误以为投资人要的是利润而不是增长。虽然所有投资人都喜欢利润，但品类王的市值在于潜力。不止一位技术公司的 CFO 感到困惑：为什么利润增加了，公司市值却缩水了？

品类潜力枯竭的另一个迹象是，你发现潜在用户数得过来。戴夫在 Coverity 时就遇到了这种情况：Coverity 的软件测试产品的潜在买主数量有限。这个产品为 Coverity 带来很好的业务，但这个业务品类不会大幅增长，换句话说，这个品类太小。

那么，品类潜力枯竭时，CEO 应该怎么做？嗯，他可能运气好，偶然发现下一个品类。更规范也是提高成功率的做法是——回去，重新开始品类设计进程。这就是为什么品类设计是作为战略原则出现的。在以令投资人、用户、员工和生态系统中的每一个人兴奋的方式扩展品类潜力的同时，这种方法能保证价值等式的每一个部分有意义。

然后，我们要提醒一下。我们近距离或非常私人地看过商业中最危险的事情之一是，一家公司清楚地找到了一个热门的新品类却没有成为品类王。品类是需要用新方法解决的问题，一旦大众看到那个问题，他们就无法忽视，市场也会呼唤解决方案。如果你定义了那个品类，却出于某种原因令市场失望——你便没有成为品类王所需的资源、资金和其他必要条件——然后市场会期待另一个品类王。这就是为什么人们以前看重的"先发优势"没有意义，只有当先行者拥有成为品类王和履行承诺的必要资金时，先行者才有优势。否则，先行者就会成为先烈。想想 Webvan（美国一家网上杂货零售商），或者社交网络领域的Myspace，或者 iPod 之前所有早期的 MP3 播放器。通过主宰一个若干公司发现却未实现完全开发和主宰的商业社交网络品类，Slack 在 2015 年飞速发展。[11] 品类设计是重要武器，不是玩具。用不好，你有可能打中自己。

品类收割与扩展规划

威睿公司代表了另外一种情况，它是由公司定义新品类的典型。品类潜力激增，需求得到爆炸性释放。领导层设计出能称王的公司，公司打造出能履行品类承诺的产品，惊人的增长接踵而至，公司从此价值暴涨。换句话说，公司做对了每一件事，成为品类王，该品类在未来数年具有极大潜力。

然后，威睿公司认为自己赢了，尽情享受成果。它没有扩展品类或显示出任何这样做的意愿。它不需要——该品类在未来数年都会那样受人追捧。换句话说，威睿公司本身就是摇钱树。如果这棵树惊人的多产，那么威睿公司暂时就不需要新树——它只需要管理好这棵树就够了。你也许会把这种战略称为"挤牛奶"（cow milking）[12]，我们则会用一个不够简洁却更庄重的词：品类收割。

品类收割与品类设计大不相同，但这并不是说品类收割不好。相反，收割是商业中最重要的本领之一，是品类王利用巨大品类潜力时该做的事。拉瑞·鲍西迪（Larry Bossidy）和拉姆·查兰（Ram Charan）的经典之作《执行》，本质上就是品类收割的野外指南。事实上，许多成熟公司做的就是收割它们的品类，正如克莱斯勒从 20 世纪 80 年代起就一直在收割小型货车品类。

品类收割的思维方式与品类设计不同。它更注重渐进改善，控制飞轮以保证速度加快，进行大量营销和销售活动，力图实现利润率最大化。伟大品类的设计师几乎总是变成差劲的收割机——反之亦然。

重点是，如果你是经历了品类设计并把公司成功打造成为品类王的创始人或 CEO，你有两个方向可以选择：一个方向是定义、开发并主宰一个更大的品类，像脸书和亚马逊；另一个方向是停止品类设计，转向品类收割。对你来说，最重要的是选择一个明确的方向，在这一点上模棱两可将摧毁价值。

你如何从外部得知一家公司是否做出了这种转变？领导层变更是主要信号。以品类设计为导向的 CEO 对品类收割感到厌倦后离开了——或者以品类设计为导向的 CEO 试图收割却发现自己并不擅长，所以被董事会解聘。这类情况经常发生。基本上每当伟大品类设计师离开，你就可以断定接任的 CEO 是收割人。

比尔·盖茨是品类设计师，史蒂夫·鲍尔默也许是伟大的品类收割人，只可惜他试图成为品类设计师并屡次失败——2000 年，盖茨把微软交给他的好朋友鲍尔默。此前一年，微软是史上最有价值的公司。虽然收割了 Windows 和 Office 硕果的微软仍然是超级赚钱的公司，但鲍尔默无法给微软带来多少新的品类潜力。微软的股价在 2000 年互联网泡沫破灭时迅速下跌，之后持续走低，直到新的 CEO 上任。[13] 这反映出投资人是如何评估扩展品类的营收增长和成熟品类的净利润增长的。

威睿公司的戴安·格林是品类设计师。董事会在 2008 年将她解聘，聘请保罗·马瑞兹继任。马瑞兹在微软工作了 14 年，经历了 Windows 的鼎盛时期，并由此学会了如何做伟大的收割人。

1998 年，传奇品类设计师安迪·格罗夫（Andy Grove）离开微软。他把 CEO 的工作交给了他的好朋友，英特尔老人克雷格·贝瑞特（Craig Barrett）。英特尔是疾驰的火车头。贝瑞特认为自己的任务是维持公司运转。他确实是这样做的。但是，后来技术发生变革，转向网络和移动端。由于英特尔原地踏步，它失去了引领新时代的机会。从 1998 年到 2000 年，贝瑞特接任的头两年，英特尔的股价暴涨。但那是在互联网繁荣期。2000 年一过，英特尔的股价暴跌。虽然大肆收割芯片业务且利润可观，但原地踏步的英特尔没有开发出巨大的品类新潜力，所以它的价值等式不成立了。

拉里·艾里森（Larry Ellison）是甲骨文的传奇品类设计师。他仍然是公司的最高领导，但聘用了一批优秀的收割人——尤其是萨弗拉·卡兹（Safra Catz）和马克·赫德（Mark Hurd）——为公司做事。多年来，甲骨文赚了各种钱，但没有设计新品类。

我们认为，史蒂夫·乔布斯是他们当中最杰出的品类设计师。在这方面，蒂姆·库克（Tim Cook）做得如何？截至本书写作时，尚无定论。然而，在 21 世纪头一个 10 年中期，蒂姆·库克的故事要注意一个维度——它与苹果公司在未来数年选择的方向有关。为了表明我们的意思，让我们回顾一下 IBM 和带来 S/360 这一成就的继任情况。

从 1914 年到 1956 年，老托马斯·沃特森创立了 IBM，并将其打造成世界上第一个伟大的计算机公司。但在老沃特森的时代，计算是以机电技术为基础的。计算不是数字化的。数据存储在打孔卡上，计算是通过一系列机电机制完成的。在 20 世

50 年代中期，随着上了年纪的老沃特森逐渐退出公司经营，一个以电子管、晶体管、磁存储器和数字计算为基础的计算新时代到来了，相应的电子技术也发展起来。

电子技术刚兴起，沃特森就任命了他的继承者：他的儿子，小托马斯·沃特森（Thomas Watson Jr.）。小沃特森不仅仅是年轻人——他还是个叛逆的年轻人。事实上，强悍的公司缔造者之子继任，对 IBM 来说是一件幸事，但他不想走父亲的路——他想颠覆父亲的 IBM，走自己的路。凯文在老沃特森传记《特立独行者和他的 IBM 帝国》（*The Maverick and His Machine*）中生动地描绘了改革的冲突性。老沃特森离开 IBM 的前一天看到了这样的情景："根据小沃特森的指示，工人拆走了从 20 世纪 30 年代起就装饰着大厅的东方地毯和黑木，取而代之的是明亮的白色地板、深红色的墙、金属色的桌子和机房顶上流畅、简洁的'702'字样（1953 年 IBM 研制出的第一台一般意义上的电脑）。"小沃特森迫不及待地改变 IBM，都没等他父亲离开公司。[14]

电子技术浪潮使小沃特森有机会按自己的理念带领 IBM 再一次进行品类设计。小沃特森推崇电子计算机，他想让 IBM 成为这一品类的王者。作为公司创始人的儿子，小沃特森有能力和使命实现这次改革。在 20 世纪 50 年代末，打造新品类的工作正式开始（老沃特森于 1956 年去世，所以他的旧部失去了依靠）。到 20 世纪 60 年代早期，整家公司全力开发伟大的 S/360，这个孤注一掷的项目已经载入史册。IBM 没有收割自己的老业务，而是专注于拓展新业务。如果新业务失败了，公司也完了。

S/360 大获成功，重塑了 IBM，使 IBM 在成立 50 周年之际依靠蕴含巨大潜力的新品类问鼎品类王。从 1956 年小沃特森接手到 1971 年他退休，IBM 的员工数量是原来的 4 倍，收入上涨超过 9 倍。在小沃特森 CEO 任期的最后一年，IBM 的股票是世界上最热门的股票，市值是构成道琼斯工业平均指数的 30 家公司中 21 家公司的市值总和。

但是，在小沃特森之后，IBM 继任的 CEO 都是收割者。他们手握奇迹般的品类，几十年来都产生了可观利润。然而，即便是最伟大的品类最终也会衰落，IBM 在 20 世纪 90 年代陷入这种困境。旧品类的能量枯竭了，IBM 急需新的品类潜力。新任 CEO 路易斯·郭士纳（Louis Gerstner）后来在计算服务和咨询业务中找到了新的品类潜力。在 21 世纪头 10 年，IBM 又一次陷入急需新品类潜力的困境，这就是为什么它投入 10 亿美元开发沃特森认知计算平台。

苹果公司和蒂姆·库克会怎样？库克是小沃特森，还是鲍尔默、贝瑞特？在 2014 年苹果手表发布那天，库克接受了 ABC News（美国广播公司新闻频道）采访。谈起乔布斯时，他说："过去的每一天，我都会想起乔布斯。今天早上，在这里，我特别想他。我猜他看到自己留下的公司会无比自豪。"[15] 库克甚至试图模仿乔布斯发布新产品的方式。不过，即使库克大力淡化乔布斯烙印，他也成不了小沃特森，不能领导现在的苹果公司转向设计和主宰蕴含新潜力的新品类。也许 2015 年的苹果公司还不该这样做——它有这么好的品类可以收割。我们将从这个视角继续观察苹果公司：库克最后会成为伟大的品类设计师还是收割者，或者都不是？

对品类王的 CEO 来说，这个问题成了接班人计划的核心。你是把公司交给"吃利息"的品类收割者，还是交给开发新品类潜力的品类设计师？

这很可能是即将离任的品类王缔造者能做的最重要的决定。

独角兽加速与潜力扩展指南

第一步：谁？

责任在于 CEO 或创始人，即首席品类设计师。飞轮设计公司和生态系统设计公司的方方面面，只有 CEO 的视野和影响力才能把各种力量整合起来。同样，只有 CEO 或类似的领导人才能推动品类潜力的挖掘。

第二步：重新进行品类设计

如果你已经取得品类设计的成功并成为品类王，飞轮会自我调节。如果品类潜力消耗殆尽，你需要用有意义的方式挖掘它，那你该回到本书的开头，重新完成品类设计。

第三步：想清楚你有没有做完

如果你是品类设计师，而且已经打造出了品类王，这时的你得做个决定：你可以重新开展品类设计，也可以收割现有品类的全部价值。如果你选择后者，你可能要找个伟大的收割人继任。或者你可以把公司卖给更大的公司，让它去收割。

第四步：其他选择

噢，有一种途径能实现双赢，但它极不寻常，这种途径也许能产生少有的持续创造品类的公司。一般人很难找到它们，但我们知道一些，我们可以告诉你。

想知道的话，翻开下一章吧！

第 9 章

公司篇：不断创造品类的宝贵艺术

怎样才能经久不衰，不断跨越鸿沟和避免创新者困境？

每一个传奇的创业公司都想成为老牌大公司。这才是重点，对吗？

有些创业公司的创始人只是想把公司卖给谷歌，这样他们就能买条船，然后逍遥一辈子。但他们不大可能是读这本书的人。[1]设计品类、打造品类王、对抗引力、挖掘品类潜力的创始人——真正的海盗、梦想家和创新者——要建立的是几代人的事业。乔布斯、贝佐斯、贝尼奥夫、佩奇、扎克伯格、马斯克和其他类似的人最喜欢的莫过于知道某个尚未出生的人在他们离去之后仍会长期运营他们的公司。

然而，传奇的创业公司并不想经历许多老牌大公司面临的困境：受到创业公司的挑战。老牌大公司向来求稳，动作慢，不愿意去创造新品类而只是去挤干"现金牛"。事实上，老牌大公司在创新方面确实很差。尼尔森（Nielson）分析了 2008—2014 年在美国发布的 20 000 个产品，其中大多来自老牌大公司。结果，它发现只有 74 个产品以持续的成功杀出重围，还不到总数的 0.4%。[2] 因此，一个创业公司成为 10 亿美元级品类王的机会比老牌大公司通过推出新产品打造新品类并取得长久成功要大。

但还可能出现另一种结果。有些伟大、经久不衰的公司形成了持续创造品类的文化。事实上，它们制造出一台"品类创新机"，把大公司的规模和年龄——经常被视为劣势——变成优势。

如今，我们非常尊重历史上关于在公司内部激发创新的重要研究和写作。管理大师彼得·德鲁克写道：企业创新靠的不是灵感，而是有条理地分析机会的过程。[3] 克莱顿·克里斯坦森（Clayton Christensen）的经典作品《创新者的窘境》介绍了大公司对创业公司很难做出及时的反应（基本上是因为我们前面写过的引力），建议大公司应该设立半独立的、更易于创新的臭鼬工厂（skunk works，美国洛克希德·马丁公司下属的高级技术研发部门）。杰弗瑞·摩尔（Geoffrey Moore）的主要工作不仅是激励创新并把创新推向广阔的市场，还有改造老公司。[4] 吉姆·柯林斯告诉我们，拥有宏伟、艰难和大胆的目标（BHAGs，big hairy audacious goals）对于打造基业长青的公司至关重要。[5] 他们都是对的。这些人是伟人，但是我们无意成为拿出弹弓和鹅卵石的大卫（传说中的以色列英雄）。

我们要提出一个稍微不同的观点。当我们研究德鲁克、克里斯坦森、摩尔和柯林斯可能推崇的公司时，我们常常看到品类设计在发挥作用。我们认为，提高创业公司成为独角兽的机会的原则也适用于提高公司通过创造、开发和最后主宰新品类来超越自我的机会。

165 岁时，你会在做什么？

我们想说一家你可能觉得不该被收入本书的公司。康宁，这家特殊玻璃厂商成立于 1851 年，总部设在美国康宁市，在纽约州西部的五指湖地区，一个几乎没有什么可能被叫作城市的地方。员工通常已经在康宁工作了几十年。康宁的主要业务是制造像灰尘一样长久的东西。当托马斯·爱迪生与它签约，委托它生产其发明的电灯泡时，康宁迎来第一次突破。

不过，康宁是品类创造机。这家公司得以基业长青并保持活跃的原因在于它一次又一次地创造、开发和主宰了重要的玻璃新品类。它创造并主宰了电视显像管品类（老式电视机上的球状玻璃制品）、实验室玻璃品类（Pyrex，耐高温）、催化转换器品类（净化汽车尾气的陶瓷）和光纤品类，更不用说康宁餐具（Corning Ware），就是那些你妈妈放在厨房里的很难摔坏的盘子（康宁后来出售了该业务）。如果你使用世界上任何厂商生产的平板电视，面板都很可能是由该领域的品类王康宁制造的。如果你拿出自己的智能手机，外面超硬的触摸屏玻璃几乎肯定是康宁生产的，它在这个领域的品类王品牌名是 Gorrila Glass（大猩猩玻璃）。

我们和 CEO 温德尔·威克斯（Wendell Weeks）讨论了 Gorrila Glass 的故事。这个故事表明了品类创造在康宁内部是如何发挥作用的——以及品类创造怎样才能在一个大公司内发挥作用。这个故事的催化剂是史蒂夫·乔布斯，但故事的开始要追溯到 20 世纪 60 年代。[6]

与创业公司相比，大公司的一个优势是有实力投资重要研发，康宁就长期运营着一个研究实验室。在本书前面，我们指出了两种不同的走向品类创造的洞见：一种是技术洞见，即发明出需要找到市场的新技术；另一种是市场洞见，即发现一个能通过打造新品类抓住的机遇。大多数硅谷创业公司靠市场洞见起家，公司研究性实验室其实只有一个目标——提出技术洞见。

在康宁，实验室是由威克斯所说的"重大问题"推动的。一连好几代，不断出现的问题之一就是"玻璃碎了，修好它"。在 20 世纪 60 年代，康宁的科学家先发明了使玻璃空前坚固的离子交换技术。此后他们继续发明更薄、更坚固的玻璃，即使 40 年来没有一个针对它的定义品类的市场。康宁这样的公司从投资人那里获得了长期研究技术难题的资金、耐心和许可。

但单靠实验室并不能创造品类。事实上，公司受到巨大的引力作用——经营现有业务的持久引力——导致它们对自己的技术洞见熟视无睹。施乐就是著名的例子。在 20 世纪 70 年代，它运营着技术史上最传奇的实验室之一——施乐帕克研究中心（PARC）。它几乎发明了苹果公司后来用在第一代苹果电脑（Macintosh）上的一切，包括革命性的图形界面和鼠标设计。施乐完全错过了自己的技术洞见，从未加以利用。你知道为什么吗？因为施乐听客户的，他们要的是更好的复印机而不是不同的个人电脑。正如克里斯坦森在《创新者的窘境》一书中所说："听客户的，你能做到更好却做不到不同。"不同才能创造新品类。更好走向"更快的马"，不同走向"T 型车"。

回到 Gorrila Glass 的故事以及康宁为什么能创造这么合适的品类的探讨。康宁这样基业长青的公司拥有长期的、有信任基础的合作关系，那些关系是获得市场洞见的绝佳途径——只要领导层聆听不同的声音而不是更好的。威克斯和乔布斯就是这样的关系。如威克斯所说，一天他和乔布斯谈到苹果研发手机的计划，威克斯根据康宁在激光和光纤方面的工作经验提出一个想法。那时候手机屏幕很小，乔布斯想提供移动视频，所以威克斯提出"微投影"——在手机中使用激光，就能在墙上放映视频。"史蒂夫说这是他听过的最蠢的想法，只有威克斯能想到。"威克斯告诉我们。但这个提议让乔布斯告诉威克斯新产品 iPhone 的更多细节，包括把手机外观都做成触摸屏的激进想法。这个触摸屏必须防划、不易碎、触控灵敏。乔布斯认为要用塑料，但他找不到符合要求的塑料。

威克斯听到的是，乔布斯正在打造一个新的移动设备品类——智能手机。而智能手机（所有智能手机）都需要一种尚不存在的玻璃新品类。

对几十年来康宁在发明更薄、更硬玻璃上的成果非常清楚，现在他一个口袋装着市场洞见，另一个口袋装着技术洞见。他告诉乔布斯："如果你创造出'问题'（需要触摸屏的智能手机品类），我们就能创建解决方案（玻璃新品类）。"回到康宁，他告诉他的实验室和团队："如果我们能创建解决方案（新玻璃），我们就有一个问题等着用它解决（智能手机）。"这个例子体现了聪明的公司可利用的优势：它们的合作关系使它们能获得很多市场洞见以及创造和运用技术洞见所需要的一系列核心能力。在这个例子中，乔布斯说，好，我相信你能生产这种玻璃。威克斯说，好，我们相信你能为我们创造市场。

接着，康宁便展开了品类设计。康宁不满足于仅为 iPhone 生产白标玻璃产品，它有意创造一个玻璃新品类，并将品牌命名为 Gorrila Glass。康宁提出了介绍 Gorrila Glass 是什么、它有什么用的理念。康宁还利用 iPhone 的发布开展需要在公司内部强制动员的闪电战。2007 年，iPhone 问世，使用了 Gorrila Glass。康宁开始在所有手机中确立这个品类。飞轮动力学生效，帮助康宁成为低成本的生产商、最智慧的营销商，用户也记住了这个品牌。到 2012 年，世界上有 10 亿设备使用了 Gorrila Glass。到 2015 年，虽然截至本书写作时没有公布具体的数字，但有报道称 Gorrila Glass 年入 10 亿美元。这个品牌占据了该品类超过 70% 的利润，品类王经济学生效。

为什么品类创造在康宁行得通，在施乐却行不通？当然，CEO 是关键——威克斯必须相信品类创造并在公司内推动。必须引导员工相信品类创造并抵抗日常工作中的引力——使他们相信这是在康宁工作的重要组成部分，事关他们如何获得回报。必须引导投资人相信一部分费用要花在技术研发和品类设计上——花在提高品类潜力而不只是收割现有品类。威克斯的其他几个观点如下：

"听客户的，你才能理解根本问题。但不要止步于提供解决方案，因为如果我们只是做他们告诉我们的事，他们就不需要我们了。如果他们不需要我们，我们就失去了定义品类所需的赢利能力和竞争优势。

"明白时间的重要性。发明新材料要花很长时间。我们在员工中普及这种洞见和技能，然后我们能用这种洞见进军其他市场。这样做非常有效。

"你必须确保自己站在创造性破坏中创造性的那边。因为如果你不能，你就只能是家公司。"

我们不想过分推崇康宁。但康宁已经证明自己能创造品类，是拥有一篮子品类的公司。有些品类，如电视显像管，这个品类相当成熟，康宁正在收割。Gorrila Glass 是还在挖掘品类潜力的新品类，即使品类潜力看上去不错，也不足以对康宁这种大公司的市值产生深远影响。2015 年年末康宁股价的小幅波动在过去 10 年是常态。对任何老牌大公司来说，管理一篮子品类远比创办以单一品类为目标的新公司复杂。

不过，康宁创造、开发和主宰新品类的能力有助于它保持地位和活力。当旧品类衰落时，创造新品类赋予了康宁新生。没有品类创新，任何公司都会陷入困顿和消耗——如优利系统（Unisys）、阿尔卡特·朗讯（Alcatel-Lucent）、C 超微半导体公司（AMD）或 SAP（全球性企业应用软件和解决方案提供商）。我们认为，康宁证明老公司能够把品类设计制度化。如果老牌大公司能够运用品类思维，我们在这本书中写的一切就都能在城堡内部发生。品类设计不仅适合攻城的海盗——也适合已经在城堡里的海盗。

新的品类制造机

在 21 世纪初，苹果公司成为世界上最有价值的公司，因为它不断地创造具有极佳新品类潜力的新品类。首先是 iPod 和 iTunes，接着是 iPhone，然后是 iPad，还有苹果手表。对蒂姆·库克的苹果公司来说，问题在于它的品类制造机是不是制度化的——或者说它是不是被锁在乔布斯的脑子里。如果是后者，那么，利用它开发的绝佳品类潜力，可以让苹果公司在很长一段时间内都是非常赚钱的公司。不过，它的品类潜力也会耗尽，投资者会把它看成收割者而不是品类创造者。

我们写这本书时，两大传奇科技品类王——亚马逊和谷歌正在开发现任领导人卸任后仍能运转良好的品类制造机。我们会从品类设计的视角看待它们正在做的事和我们可能学到的东西。

让我们从亚马逊开始。在上一章，我们讨论了亚马逊如何有效打造飞轮并不断扩大它的在线零售品类，一次一个层次地挖掘品类潜力——从图书、CD 到一切事物，但亚马逊也极其渴望在其核心零售品类之外创造全新品类。亚马逊云服务（AWS）创造了公共云计算服务品类。虽然谷歌、IBM 和微软重金打造竞品，但亚马逊仍然是品类王。2015 年亚马逊首次曝光云计算业务的数据，年度收入高达 63 亿美元，一年增长了 50%。分析人士指出，亚马逊在云计算服务品类的市场份额超过谷歌、IBM 和微软的总和。亚马逊另一个成功创造的品类是 Kindle 电子书阅读器。Kindle 于 2007 年发布，到 2015 年单一用途的电子书阅读器也许已经失去潜力，被平板电脑和大屏幕手机取代。但在鼎盛时期，Kindle 创造了电子书市场，成为电子书阅读器的品类王，挤压了巴诺书店的 Nook 阅读器这种后来者的空间。

亚马逊更大的经验在于 CEO 杰夫·贝佐斯培育了鼓励品类创造的企业文化。他在早期就引导投资人预期亚马逊以影响利润为代价投资品类创造。"我们在 1997 年致股东的公开信中写的一件事是，我们会大胆尝试，其中一些尝试不会成功。"贝佐斯说。[7]

他引导他的公司从品类创造的角度思考问题。"谨慎扩张没什么错,"他告诉我,"但从长远考虑,如果你不愿意把新技能当业务学习,你会看得非常清楚。最后,你会被淘汰。"[8]

2014 年,贝佐斯告诉一名参会听众,亚马逊创造新品类有两种方式。一种方式应用于 Kindle。"从用户的需要到我们的技能。"换句话说,由于亚马逊的关系网,它有市场洞见(电子书阅读器的需求),但内部没有实现需求的技能或技术。亚马逊对硬件设计一无所知。毫无疑问,亚马逊雇用了合适的人才。[9] 另一种方式是"从我们的技能到一批新用户"。贝佐斯说。[10] 这是亚马逊云计算服务的故事。贝佐斯的技术顾问安迪·雅西(Andy Jassy)看到亚马逊正在运行一个巨大的业务和数据系统,对向其他公司出租自己的基础设施和专有技术有构想。"我们试着设想宿舍里的学生会用和世界上最大的公司一样的基础设施,"雅西说,"我们认为这是伟大的赛场平衡器,使创业公司、小公司拥有和大公司一样的成本结构。"[11] 同时,这样的业务几乎闻所未闻,用户与亚马逊常规的在线购物者大不相同。雅西写了一份实施备忘录,交给贝佐斯,2003 年建立云计算服务的项目得到批准。

贝佐斯培育了懂得理念的力量的文化。由于从强大、坚定的理念着手,AWS 和 Kindle 都大获成功。Kindle 坚持提供和纸书一样好的阅读体验,但又拥有永远在线的优势。AWS 坚持两个关键原则:一个是任何学生或在车库里创业的公司都能使用亚马逊系统的功能,另一个是"喝多少付多少"——换句话说,用户按照他们使用的功能而不是预先确定金额的合约付钱。AWS 的理念使它成为创业界的宠儿，获得了 Dropbox（一款免费网络文件同步工具）和爱彼迎这种早期的客户。

最后，Kindle 和 AWS 变成它们自己在亚马逊内部的飞轮，创造动力、吸引生态系统、击退挑战者。但是，这些飞轮也会影响亚马逊更大的、持久的飞轮，有时出人意料。AWS 改变了亚马逊的形象。AWS 出现之前，亚马逊被视为利用技术优势的零售商。AWS 出现之后，亚马逊被视为技术公司，这改变了亚马逊吸引的人才类型和亚马逊进军未来技术市场的权限。成功的新品类能改变母公司的定位。

后来，亚马逊做出的一些努力似乎表明，它不是总能懂得品类设计。2014 年，亚马逊试图推销它的火焰手机（Fire Phone），直接挑战智能手机品类王 iPhone。2015 年 9 月，亚马逊终止了手机业务。一种解释是亚马逊文化鼓励创造新品类，内部机制也能让它发生，但它没有充分利用品类概念挑选出值得追逐的想法。创造新品类很可能是亚马逊领导人暗中而不是明确在做的事。亚马逊可能有比品类设计更严谨的产品和业务模式设计。因此，亚马逊有时会掉进"更好"的陷进，而没有追求"不同"。

这是大公司要吸取的教训之一：当大公司的人坐下来讨论新产品或新服务时，一个关键的指标是看这个产品或服务是要定义一个新品类，还是挑战现有品类王。如果大公司懂得两者的区别，就几乎不会投资已经被别人主宰的品类。

当然，亚马逊在说明，一个巨大的既定品类王如何通过创造、发展和主宰新品类进行自我更新。我们特别喜欢亚马逊所说的"从用户的需求到我们的技能"或"从我们的技能到新用户"。这似乎很适合用来形容康宁几代人的做法——同时了解公司内部的技术洞见和基于公司对外部世界看法的市场洞见。这对我们来说，似乎给老牌公司内部智慧、有序的品类设计下了定义。

2015 年谷歌重组，宣布成立字母表（Alphabet），看上去像是试图打造品类制造机——将品类收割和品类创造分离。谷歌搜索业务一直是最伟大的技术品类之一。2014 年谷歌 660 亿美元的收入几乎都来自搜索业务部门，谷歌在搜索市场占据的份额接近70%。谷歌似乎打算专心挤出这头"现金牛"的每一滴奶。但是，这和品类创造的心态极为不同。谷歌的领导层显然希望继续创造而不是收割。在宣布成立字母表的博文中，CEO 拉里·佩奇写道，联合创始人"谢尔盖（布林）和我的职责是认真创造新事物"。[12]因此，佩奇和布林正在设法将"维持现状"（as-is）的业务和"创造未来"（to-be）的业务分离。

谷歌内部的企业高管无疑被搜索业务的引力牵制。受到引力作用的高管一周工作 80 个小时，审核业务、回应客户需求，为拜访客户在地狱半亩地（hell's half acre，位于怀俄明州卡斯珀城外 40 英里处）周围飞来飞去，会见投资人等。这些工作对成功运营企业来说是必需的。然而缺点在于，人们对新事物"小修小改"似乎会惹恼专注核心业务的高管。打造伟大新业务所需的东西完全分不到多少时间、注意力和资金。从品类设计的视角看，在培养创新能力的同时维护核心业务的战略看上去很明智。

从字母表得到的经验是，大公司要懂得收割 / 创造的区别并将两者分离，这不容易。投资人倾向于二选一，谷歌 / 字母表正在把收割 / 创造的二分法植根于公司结构中。

品类设计与自欺欺人

意识到 SAP 在企业云软件方面的缺陷后，Salesforce 的 CEO 马克·贝尼奥夫在 2015 年直接把 SAP 作为目标。他告诉分析师，"我们确实要打败一家公司，那就是 SAP"。然后他补充说，"SAP 唯一的创新在于修辞。他们应该编写软件"。[13] 我们承认，这些话让我们发笑。然而，贝尼奥夫的攻击背后是一个略带沉重的故事，与老牌大公司难以有效创造新品类的原因有关。当它们没有开展品类设计却骗自己说有时，这个故事就发生了。我们称之为"自欺欺人"。

1972 年，5 名前 IBM 工程师在德国创办 SAP。它最初致力于为企业主机开发账单和会计软件。大约 10 年后，SAP 的产品发展成为协调企业所有程序而设计的软件，SAP 创造出 ERP（企业资源规划软件）这个新品类。会计、制造和分发应用应该以集成方式共同发挥作用，SAP 依靠这个强大的理念打造 ERP 品类。SAP 想让自己成为 ERP 系统的品类王，发展成技术巨头。为此，我们向 SAP 早期的领导层致敬。到 20 世纪 90 年代，一大批财富 500 强企业通过在内部数据中心安装 SAP 软件进行运营操作。

21 世纪初，SAP 发现自己可能会和西贝尔面临同样的问题：如果后来者创造出基于云的 ERP 新品类，它更简单、更容易管理、更灵活，成本也比 SAP 软件低，SAP 就会像西贝尔一样衰落。因此，SAP 内部一些人认为，公司应该尝试提前摆脱这种潜在威胁，自己创造品类。不过，记住，SAP 沉迷于收割自己创立的 ERP 软件业务，忙于赚大钱，用循规蹈矩的战略取悦投资人。ERP 云服务必然会颠覆 SAP 现有业务。后者的利润都来自用户支付的高成本维护费。这是典型的创新者困境：你怎么能颠覆自己？即使你知道这样做是对的。

值得赞扬的是，SAP 开始向云技术转移。2011 年，它收购了一家提供人力资本管理云服务的硅谷公司，名叫 SuccessFactors。大约同时，SAP 组建了一个在云中提供数据库管理系统的部门，名叫 HANA。

然而，如果 SAP 不想步西贝尔的后尘，整家公司本该提倡一个围绕云的新理念，完全支持会颠覆其旧品类的新品类创造。这本该是孤注一掷的目标，宏伟、艰难又大胆，和 IBM 在 20 世纪 60 年代决定研发 S/360 一样。但是，实际情况是这样的：由于公司已经拥有 SuccessFactors、HANA 和一些边缘云游戏，SAP 高管认为他们已经在设计新的云品类。其实，他们不过是在保护老的核心业务的同时，试水云计算罢了。简而言之，在定义和开发新品类时，SAP 并不认真——它在开玩笑。与许多老牌大公司的领导层一样，SAP 团队继续专注收割业务，对未来稍作投资以缓解自己的不安，但不全力以赴。他们是在拿创造颠覆自我的新品类开玩笑。类似的事情还有：报纸在 20 世纪 90 年代建设网站却不接受纸媒的衰败大势；大学开设大规模网络公开课并认为这能让它们不受网络和云力量的影响；SAP 说它在向 ERP 云服务品类王转型，其实是在自欺欺人……

SAP 并不是孤例。老牌大公司深受引力影响。同时进行品类收割与品类创造并不容易。大多数收割者说他们正在创造新品类时，不过是自欺欺人。这不是有意冒犯——在投资人看重季度业绩的公司，这是现实。

如果不想自欺欺人，就要把品类创造注入业务的 DNA，引导投资人理解品类和品类潜力。康宁做到了。亚马逊和谷歌正在做。但是，许许多多的公司还没开始做。对于所有真正渴望创造品类的公司领导人来说，一个入门的好办法也许是对着镜子问：我们是不是在自欺欺人？

非技术公司怎么样？

首先，如果你认为自己所在的公司不是技术公司，我们建议你看马克·安德森（Marc Andreessen）2011 年发表的文章——《为什么软件正在吞噬世界》（*Why Software Is Eating the World*）。[14]

这篇文章会给你当头一棒，指出每一个行业的每一家公司现在都是技术公司（要么你就是一家濒死的公司）。无论你是做甜甜圈、造鞋、盖楼，还是经营某种垄断行业，把自己看作技术公司将增加你通过运用品类思维获得成功的机会。

即便如此，我们想更好地了解消费品公司——生产啤酒或剃刀的那种——如何看待品类设计。为此，我们和第一章提到过的剑桥集团的艾迪·尹对话。他跟踪了宝洁和百威英博啤酒[15]这类公司的品类创造。关于老牌消费品大公司内部真正的品类创造，尹的说法不同寻常：他说他没有太多可说的，他说不出哪家公司有制度化的品类创造方法。

尽管如此，他还是列举了自己看到的 4 种在消费品大公司内部创造品类的方法。它们也许是一次性的冒险，但每一种都说明了这种方法如何发挥作用。

雀巢采取设立臭鼬工厂的方法开发出奈斯派索胶囊咖啡机（Nespresso）。臭鼬工厂——从主营业务中划出的一个小部门，是克里斯坦森针对创新者的窘境提供的解决方案。尹没有看到它经常发挥作用。雀巢的奈斯派索是 20 世纪 80 年代启动的小项目。制作意式浓缩咖啡的机器与雀巢的食品业务不匹配，但雀巢坚持开发奈斯派索，即使这个部门到 20 世纪 90 年代仍然没有突破。到 21 世纪初，奈斯派索发展成了全球化品牌。

只有当内部出现偷偷打破规则后请求原谅的海盗时，一些大公司才会创造新品类。尹说，莎莉集团就是这样成为率先推出安格斯牛肉热狗的公司的。这种产品现在一年实现收入 1 亿美元。尹注意到，大多数海盗故事的结局并不好。

吉列公司（Gillette）的欧乐 B 脉冲星（Oral B Pulsar）更像一次全员参与的应急努力。欧乐 B 脉冲星是一款采用人造鬃毛的电动牙刷。在 2001 年的一次行政审核中，吉列 CEO 吉姆·吉尔兹（Jim Kilts）意识到竞争对手佳洁士正设法用自己的炫洁（Spinbrush）电动牙刷创造牙齿护理新品类。在那之前，消费者要么购买廉价的手动牙刷，要么购买昂贵的电动牙刷。佳洁士推出了一种介于两者之间的产品。但是，吉尔兹确定吉列能做得更好，能在消费者尚未形成印象之前把品类偷过来。他命令全员参与，甚至举办创新展，以便吉列各部门能把想法和技术相结合。最终的产品就是欧乐 B 脉冲星。尽管如此，我们要说吉列的努力来得太迟了。脉冲星和炫洁开创了一个新品类，但它们都没有成为品类王。或许这也是该品类从未引起轰动的原因。

尹只能想出一个真正在老牌消费品公司内部运用品类设计思维的故事。在 21 世纪初，啤酒巨头百威英博考虑进军蒸馏酒市场以刺激增长。但是，蒸馏酒业务的制造、分发、营销和包装与啤酒大不相同。通过像彼得·德鲁克那样分析市场机会和百威英博的优势，公司推出一款用啤酒（不是龙舌兰）调制成的畅销混合鸡尾酒（加入玛格丽特酒），像啤酒一样包装和销售。百威劲柠（Bud Light Lime）由此诞生。自 2012 年推出后，该品牌 2013 年一年的收入就达到 4.72 亿美元——大获成功，一举创造出罐装啤酒鸡尾酒新品类，百威劲柠成为品类王。

不过，最后尹告诉我们，"美国公司的词典里没有'品类创造'这个词"。但我们想谦逊地指出它可能存在。在我们之前的管理思想大师——如德鲁克、克里斯坦森、摩尔和柯林斯——一直鼓励企业大胆思考、抵抗引力、创造新事物。我们认为，在这个极度网络化的时代，品类设计是管理工作的重要组成部分。

独角兽品类再创造指南

第一步：谁？

每个人。当然，CEO 必须支持并推动品类设计，但公司越大，企业文化的作用越大。CEO 不能直接影响数千名员工和诸多部门。他必须将品类思维注入文化，使员工认为这种文化不仅是工作的一部分，还是工作中最好的部分。

第二步：引导投资人

当管理层的注意力完全集中在利润和季度财报上时，品类创造不可能发生。大多数老牌大公司的投资人希望公司像常规的老牌大公司那样做事，收入可预期，分红可观。如果你是 CEO，想成为大胆的品类设计师，你需要获得股东的支持——或者找一批新股东。

第三步：利用时间

创业公司必须和时间赛跑。获得风投的技术创业公司有 6~10 年时间成为品类王，否则它不大可能创造长期、持久的价值。既有公司可以更好地利用时间。老牌大公司通常有时间处理深层次、难解的问题。那些解决方案可以转化成创业公司无法涉足的重要新品类。无论通过研发（如康宁）还是雇用新型员工（如亚马逊），都要不断投资知识和技能。然后在品类创造的机会出现时，用这种知识抓住它。

第四步：听"不同"，别听"更好"

用户会要求"更好"。你想听不同。要找缺失的东西，别找有待改进的东西。没有人比乔布斯更精于此道。给人们提供自己并不知道自己想要的东西，乔布斯做到了。在《创新者的窘境》一书中，作者分析了公司为什么陷入了"更好"的困境。不过，"更好"是在品类收割时追求的，"不同"是在品类设计时追求的。

第五步：展开品类设计

品类设计原则不仅仅适用于技术创业公司，它还能在老牌大公司发挥同样的作用——就此而言，还有中型地区性公司、非营利机构和其他任何想产生影响的组织。当你发现一个品类后，要提出理念、设计蓝图和生态系统、开展闪电战、组织动员，然后让飞轮转起来。

第六步：别自欺欺人

除了引力，"自欺欺人"是老牌大公司要克服的最大问题。大多数大公司清晰地看到将要取代它们既有品类的新品类。别一边提供缺乏诚意的新产品，一边保护旧品类的利润，还自以为尽力了。开发新品类并主宰它好过等别人这样做。不管怎样，你的旧品类都将被颠覆。

第七步：管理品类组合

大公司会在不同的阶段拥有品类。有些品类适合收割。有些需要进一步创造和开发。建立允许品类收割和创造同时发展的架构（也许是谷歌/字母表这种机制）不必削弱彼此。让品类收割者负责收割，让品类设计者负责设计，懂得两者的区别。公开辩论。谈谈你认为自己多久能收割。召集你最优秀的员工，谈谈如何创造一个能颠覆你的新品类。声明你的战略——公司在收割和创造上的分配比例是什么？培育一种企业文化：把期待、接受新品类看成不断提高品类潜力、世代保持公司活力的途径。

对了，最后一件事：雇用那些懂得把品类设计思维应用到职业生涯中的人。接下来我们会讲讲这个。

第 10 章

生活中的你如何成为"品类王"

自我定位还是被别人定位

我们所说的品类思维和品类设计，基本上也能在人们的生活和职业中应用。毫无疑问，它对我们也适用。

我们想和你说说戴夫的故事——在我们写这本书期间，戴夫在反复讲这个故事。[1]

戴夫是来自爱荷华州的农家男孩，读了一所大多数人不知道的爱荷华大学。25 岁那年，毫无经验的他搬到硅谷，打算在一个广告机构开始自己的职业生涯。不久，他就开始和克里斯托弗共事。克里斯托弗当时是软件公司 Vantive 的 CMO。戴夫很快就给克里斯托弗带来了价值，克里斯托弗也没比戴夫大多少，总之，他们建立了密切的工作关系。一次，戴夫准备要向美国证监会

（SEC）提交的文件，其中列出了管理层的薪资水平。然后，戴夫发现克里斯托弗的薪水比他高10倍以上。这让戴夫感到极大的震撼，他从小就以为高薪的管理者都是50岁以上且为公司立过汗马功劳的人。于是，戴夫大步走进克里斯托弗的办公室。"我比公司的任何人都努力，"戴夫激动地说，"而你也只比我大一岁半，但你已经是公司的CMO了，而我仍然是公司级别最低的人，收入少得可怜，付不起账单。我不知道我要再怎么努力或者增加更多价值，才能和你一样。"

这时，克里斯托弗——大概也只有克里斯托弗能够——严肃地看着戴夫说："好吧，戴夫，你在商业和职业中有两种选择：要么自我定位，要么被别人定位。我把自己定位成这家公司的CMO，你却被别人定位成级别最低的人。"

不久之后，克里斯托弗去了施恩。戴夫也决定不再做级别最低的人，他要从顶层开始。他带着想法重新开始，横跨美国搬到波士顿，去一家很小的创业公司当营销高管。他的目标是做我们认为公司该做的事：引导市场承认他是高管。这为戴夫为Coverity做营销打下了基础。

对于本书的所有作者来说，品类设计可以是个人的。我们都曾经被定义成我们不想做的人：克里斯托弗有失语症，他不甘心因此被看成笨蛋，乃至变成蒙特利尔街头蓬头垢面的音乐人；阿尔可能还是悉尼那个靠咸味酱生活的冲浪小子；戴夫可能在爱荷华放牛；凯文在当地的宾厄姆顿报纸写 speidie[2]（当地才有的一种卤鱼）的烹饪方法。我们不得不进行自我定位，所以我们没有把这个权利交给别人。

当我们分析传奇公司采用的品类设计方式时，我们意识到成功的人往往做了某些类似的事情。如果你运气不好，品类设计是你改善运气的思路。这包括相信自己不是空气，采取行动引导市场用某种眼光看你。这是找到一个人们需要解决的问题，提供一种新的解决问题的方式，而不仅仅是做好某件事就觉得够了。这是要利用"不同"的指数级成长价值，而不是"更好"的递增性成长价值。

很多人用符合品类设计的方法建立自己的事业，功成名就。穆罕默德·阿里因为创造出与从前完全不同的拳击，成为世界上最著名的运动员。他在拳击场上步伐灵活、出拳狡猾，在公众场合机智、坦率。此外，用他的话说，他一直很漂亮。在阿里之前，有多少拳击手说过自己漂亮？圣雄甘地本可以成为又一名激进分子或革命者，但他发明了非暴力不合作，引导市场（印度人）相信他能用新方法帮他们解决最迫切的问题（摆脱英国统治）。执导《美国风情画》（*American Graffiti*）后，乔治·卢卡斯（George Lucus）本可以继续成为又一名好莱坞优秀导演，但是，他让自己成为一名不同的导演。他在旧金山湾区（San Francisco Bay area）成立公司，采用技术，发展数字特效，接任科幻史诗品类王。

但是，品类王不必是国际巨星，因为品类王公司不必是脸书或亚马逊。在我们生活中，各个层面的小领域都存在品类王。它们站出来，做一些与众不同的事，产生了影响，所以我们知道它们。它们对世界的影响也许极小，但也是有影响的。

我们回想了许多人的例子，他们在我们的人生中是重要的品类王。我们确定，你能想出自己人生中类似的例子。

对戴夫来说，一位名叫拉里·克拉克（Larry Clark）的化学老师因为与众不同对他产生了影响。在戴夫上学的怀俄明州查尔顿（Charlton）中学，克拉克创造了原本不存在的品类——人生导师。他秉持一种理念：学生至上，而不是规矩或成绩。他的产品或服务是什么？他为需要逃避中学竞争的孩子提供避难所，付钱让孩子们业余为他做他不需要的事（戴夫说，他为克拉克画了10次相同的建筑）。克拉克告诉他，面对困难时要从大局出发。这些话语对戴夫影响很大。

在澳大利亚，阿尔最开始从事的工作之一就是为约翰·格雷（John Gray）工作。格雷曾经是考菲尔德理工学院的统计学教授，当时他在BHP Steel（必和必拓钢铁公司）的Westernport（西港）工厂运营专业数学实验室。在很多人还没听说过"商业智能"之前，格雷就看到了利用电脑进行商业分析的前景。他设想，未来经营钢铁工厂的人能向一个数据库提出简单的问题并得到统计学上正确的答案。格雷雇用阿尔协助自己设计一套系统，希望以此帮助BHP Steel与日产优质钢铁企业竞争。格雷的方法不是更好，而是非常不同，这使阿尔明白数据能用新的方式解决问题——反过来，阿尔第一次将数据应用到澳大利亚的"美国杯"（America's Cup，一种帆船比赛）中，然后创办了 Quokka。

凯文年少时在纽约州宾厄姆顿市打曲棍球，并从一位名叫哈罗德·比姆（Harold Beam）的老人那里得到一份兼职。比姆在他的地下室外开了一个狭小的滑冰用品店。比姆年轻时是国家级竞技速滑运动员——在某种程度上，这是小镇的传奇。在这个地区，每一个认真溜冰的人都会去他的店。他们能在其他地方买到更便宜的冰鞋，但只有在比姆的店才能得到专业的意见。比姆是深谙滑冰知识的品类王，他不是直接与现有的运动商品店竞争，而是通过打造自己不同的品类获得成功。凯文学到了这一点。

在蒙特利尔，克里斯托弗从莫·威林斯基（Moe Wilensky）和他家经营的著名美食店——威林斯基简餐[3]（Wilensky Light Lunch），获得了类似的经验。11 岁那年，克里斯托弗的爸爸第一次带他去这家餐厅。它创办于 1932 年。《漫游》（*Travel+leisure*）杂志称之为世界上最好吃的三明治店之一，安东尼·波登（Anthony Bourdain，美国知名作家及主厨）在他的电视节目中制作了威林斯基的专题。别要求服务员少放芥末或切三明治，没用，因为在威林斯基，每个人受到的待遇一样。麦当劳、赛百味、星巴克和其他无数大规模连锁餐厅都不能影响威林斯基的地位。威林斯基家族由于秉承坚定的理念，成为一个地方的品类王。他们创造出一个不同的餐厅市场——证明一个有理念的地方小店也能获得意外的成功，并超越时间成为国家的财富。

生活中的品类设计

在阅读前面章节时，你也许已经在想品类设计如何应用到日常生活中。但为了更好地说明这个观点，我们将带你简要地回顾本书提出的各种原则，并加以综合，希望能对你个人有意义。

人们不可能做公司要做的每一件事，然而即便是只遵循其中几个原则也能帮你脱颖而出，让你变得更有价值、更受欢迎。整体思想就是比你以前做得更大。

品类是战略：

对你的成功而言，你所处的环境与你是谁、你能做什么一样重要。当你找出一种解决老问题的新办法时，或是提出一个人们并没有意识到的问题时，你就创造了一个可以发展的品类。如果你把这个问题讲好，人们会认为你知道如何解决它。

如果戴夫上的中学没有拉里·克拉克，学生和家长也许不知道缺了点什么——学生需要一个能成为人生导师的老师。通过自己的行动，克拉克找出缺失的元素并证明他能补充，这使他有价值。在世界上的每一个学校、办公室或组织，都有需要解决的特殊问题或老问题的解决方法失效。找出其中一个问题，简洁地给它下定义，确保其他人像你一样看待它，这是创造品类并成为品类王的最佳途径。当别人开始把你当成能解决这个问题的人时，就是你的机会。

对于公司，我们说品类王几乎垄断了品类利益。我们非常确定，在个人层面，不同的形式会呈现同样的结果。如果你成为人们眼中能解决某个问题的达人，你会比竞争者更受欢迎。在个人经济学的层面，出现重要领导职位空缺，别人可能让你补位；遇到一个大问题时，别人可能先叫你来解决；因为看重你的意见，朋友需要帮助的时候可能会先给你打电话。

找出你的品类：

我们说，公司一般从市场洞见或技术洞见开始。在亚马逊，杰夫·贝佐斯换了一种表达方式：找到一个你的技能可以满足的新需求，或者根据你的技能找到需求。

不管怎样，这种思维适用于你寻找自己的品类。仔细思考你的技能和知识，为它们找到一个有待满足的需求。如果你没有能力满足它，就去获得这些能力——无论是通过上课、补习还是任何必要的途径。贝佐斯的表达方式中隐含着一种和谐观：需求必须与技能匹配，技能必须与需求匹配。如果亚马逊找到一种世界可能确实需要的建筑起重机，这对亚马逊并没有帮助。同样，作为个人，如果你找到一个你永远解决不了的问题，这对你也没有帮助。

在思考你个人的品类设计时，永远记住"不同"与"更好"。如果你谋求"更好"，那么你正在进入别人的领地，不得不一直吸引别人的注意力并证明你更好。如果两个人都说，"我是最好的"，那么其中一个人肯定在撒谎。如果你谋求不同，那么你不是在爬别人的梯子——你是在造自己的梯子，让自己站在最高的一级上。这条路并没有更简单，事实上，"不同"是一条更富挑战性的路。但是，与不断地为"更好"而战相比，这能让你获得更有利的地位。

同时设计"酒吧高脚凳的三条腿"：

没错，就是我们前文说的三角形。不过，我们一直更喜欢酒吧高脚凳的比喻。对于企业，我们认为同时设计伟大的公司、产品和品类很重要。

对于个人，我们认为这也是个好建议。同时设计你自己、你能做的事和你的品类。设计自己也许包括发展一套人生理念与方法，它们要与你做的事和你所处的品类一致。设计"产品"——那是你给世界的解决方案——途径是提升自己的能力。设计你所处的环境，使它符合你的能力但也有挑战性。

一家公司的价值在很大程度上取决于三大因素：首先是公司所属品类的潜在市场；其次是公司在这个品类中的地位，因为品类王垄断了大部分利益；再次是业绩——这是品类王实现其品类愿景的能力证明。这个公式也适用于个人。你的价值——无论你多想衡量——取决于你做的事的潜在市场、你在那个市场的地位和你兑现承诺的能力。以上三大要素共同发挥作用。如果你想做得很大又做不到，你就会很挣扎。如果你一直履行承诺却不扩大你的品类潜力，你可能不会成长。在做职业决定时，要同时考虑以上三大要素。

在职场，你不能通过赢得竞赛活动成为品类王。工作 10 年不一定有 10 年经验。把你的职业看成精心设计的事。你做的每一件事都应该有助于你树立问题解决者、创意设计师或最佳商业成就者的个人品牌。不要用行动定义自己——产生对你的人生有实质影响的结果，用它们创造和设计你自己的领导力和价值品类。

挖掘理念：

这时需要你把自己放在心理医生的沙发上。在品类设计的过程中，对于企业来说最重要的事是挖掘理念。这项工作包括走近公司灵魂，探索与公司为什么存在和它想为世界做什么相关的问题。

完成理念挖掘工作可能非常有说服力：你如何定义自己是谁？你希望自己对世界有什么意义？你希望别人如何看你？你能解决的问题是什么？你如何解决？把理念写下来，反复修改直到它听起来像演讲——这样，如果你有 10 分钟推销自己，你可以介绍自己的理念并得到其他人的共鸣。你的理念决定了你是什么类型的人，什么让你不同，别人为什么要在意你。如果你按照自己的理念生活，就能吸引到对的人，把错的人从你的生活中排除。

引导市场：

伟大的品类设计师引导市场理解公司的洞见。如果你不同，如果你发现了人们没意识到的问题，那么显然没有现成的市场为你准备好，而你必须引导市场接受你。没有人知道他们为什么需要 iPhone，直到苹果公司教你。"你做好了，他们就会来。"这种想法通常不奏效。苹果公司必须帮助消费者理解 iPhone 能解决的问题。还记得那些"有一个专门应用"的商业广告吗？那是苹果公司引导市场理解问题并将 iPhone 视为解决方案的方式。

你不可能为自己做商业广告，但是引导市场有很多方法。在工作中，那可能是给重要主管的报告、给同事的情况介绍或你在领英或推特上展现自己的方式。宣传载体一直在变，但重点在于宣传！如果你有强大的理念，你就有一个明确的信息在人们的耳边回响。毕竟，你在设法重构人们大脑中的突触，使人们情不自禁地看到你定义的问题并视你为解决方案。

设计生态系统：

伟大的品类会围绕品类王形成一个健康的生态系统。对于公司，生态系统可能包括用户、供应商、开发者、合作伙伴以及真实与虚拟的社区。生态系统既依赖品类王，又能通过打造附加产品或向别人宣传品类进一步放大品类王的行动。

人也需要生态系统。个人的品类王擅长打造支持者、跟随者、合作者与同事构成的社区。要有意识地做这些。

让你信任的人围绕在自己周围，对待他们要比对待自己好。正如品类造就品类王，其他人成就你。在今后的职业生涯中，你会和这些人组建团队，他们将助你定位。

发动闪电战并进行动员：

闪电战是能量的集中爆发，旨在震撼市场并获得关注。当公司开始建立品类并把自己定位成品类王时，它们就会为闪电战选好日子。反过来，闪电战变成动员公司的强制手段。它为每一个人，从营销员到工程师，设定最后期限。他们必须为闪电战做好一切准备。

对于个人，闪电战既是伟大的激励因素，又是改变人生的事件。闪电战是极大的公共目标，从音乐会上的音乐演奏到在工作中的重要演讲，可能都被包括在内。一旦闪电战的时间表确定，你就要动员自己完成它。在最后期限前促成事情发生。

确立自己的地位，然后扩大你的品类：

亚马逊从卖书起步，成功之后，业务拓展到零售业的其他领域。它并不是从第一天起就说它会成为新一代最强大的零售商。传奇品类王不断寻找扩展品类的途径，增加品类潜力。这对人们来说也是好建议。只有这样，你才能成长、获得新机会并为自己带来更多需求。如果你在一家小公司成为产品设计大师，那么你也许该去大公司了。如果你是小镇上最好的厨房改造者，也许该改造整座房子了。确立你的地位，然后向外和向上延伸，寻找符合你能力的需求或者获得满足需求的能力。

在你知道自己"做完"之前，要做品类创造者——如果拥有的市场足够使你快乐，那你就是心满意足的品类王。然后从品类创造者变成品类收割者。也许成为小镇翻新房屋的能手足够让你坚持下去。然后，你就该以施工、挣钱、让客户满意和创造不同为目标。带着胜利谢幕,给别人留下一个美好的印象,就像拉里·克拉克、约翰·格雷、哈罗德·比姆和莫·威林斯基那样。

品类王起初是海盗、梦想家和创新者,但真正的品类王像英雄那样谢幕。

再见[4]

写书很有趣。读者拿到的是一本完整的书,根据时间拆分章节——好像我们写这本书时,随着时间的推移,一切都发生了。看起来好像我们从第一天就知道书里的一切,我们只是必须用文字记录脑中的东西。不过,事实并非如此。

刚开始写这本书时,我们满脑子都是关于硅谷、品类王和闪电战这种战术的隐性知识。我们着手做数据研究,采访了一批有代表性的品类王的创始人,研究了许多其他公司和个人。一旦我们完成大量这样的工作,我们四个人就开始定期在克里斯托弗位于圣克鲁兹的家中开会。我们会为书中的一个概念讨论一两天。在房间里待久了好像就会产生某种魔法,因为我们把彼此的想法融合后达到了全新的高度。自夸一下,我们喜欢把这种魔法比作披头士对于约翰、保罗、乔治和林戈的意义。每次开完会之后,凯文就会离开,把我们说的写下来,然后把文档分享给我们。书面文档又会激励我们开启新一轮讨论,这能进一步完善想法(至少我们这样认为)。凯文会再一次起身去写作。这样循环几次,我们就会完成一章，然后转向下一个话题。

在这个过程中的某一刻，我们获得了存在主义般的发现：我们在对自己进行品类设计。

如何落实品类设计中的各项工作？多年来，克里斯托弗、阿尔和戴夫一直就此向多家企业提供咨询。如他们所说，我们共同为别人介绍如何做品类设计，迫使我们"吃自己的狗粮"[5]（俚语，拿自己做实验）。为了构思这本书，并指出正确的方向，我们必须定义品类设计的品类（对吗？这好像有点儿奇怪，就像《星际穿越》电影中的一幕）。我们必须理解我们正在解决的问题（品类设计能帮助需要"做大"的公司，增加它们成功的机会），并提出一个理念（内容在第 1 章至第 3 章）。这本书的出版就是我们的闪电战，它动员我们工作并按时完工。最后，这本书是我们完成自己的品类设计后轻松获得的产品。

如果我们没有写这本书，我们不会如此深刻地理解写作本书所需的品类设计。但事实上是，品类设计原则引出了一本关于品类设计原则的书。[6]

为什么要告诉你们这个？有两个主要原因。

第一，我们知道我们让你经历了什么。品类设计让我们一直思考到头疼，它也让我们非常辛勤地工作。它让我们寻找自己问题的答案，即便这些问题我们已经搁置了很久。

但是，第二，它是值得的。我们发现，品类设计是一种发现的过程，能帮你厘清思路。它不仅仅是生产一个产品。我们都觉得，它让我在工作中做得更好，最终成为更好的人。它也拉近了我们的距离。我们在动员那一章说过，其中的高强度工作要么分化组织，要么团结组织。在我们中间发生的是后一种情况。总之，我们觉得，与独自行走相比，品类设计使我们共同走上更有启发性的道路。

关于我们在这里探索的各种想法，我们觉得自己只是刚开始学习。我们期待读者提出更多的问题，在圣克鲁兹的阳光下思考、讨论。我们希望能帮助更多的海盗、梦想家和创新者做大，对宇宙产生一些小影响。

还有一件事

我们希望确保我们已经回答了本书在一开始提出的问题。为了防止你在阅读的时候没有理解，我们在这里再做一下回答：

1. 它们都是品类王，或者曾经是。

2. 它们都是品类制造机。或者，至少我们希望苹果公司是。

3. 设法通过"更好"而不是"不同"胜出，结果都做不好。

4. 取决于哪些公司运用品类设计并打造飞轮。

5. 嗯，因为它是。

6. 能，品类是新战略！

致　谢

　　我们在开篇说过，本书的作者是一个团队。没有鼓励、爱和周围许多牛人的支持与配合，这个团队写不出这本书。

　　我们的团队包括参与本书创作过程的家人。我们在卡萨克鲁兹（Casa Cruz）的优秀主持人兼活动负责人卡莉·克森蒂诺，恰巧与克里斯托弗结婚了。卡萨克鲁兹——卡莉和克里斯托弗在加州圣克鲁兹的家——是本书的总部。卡莉确保一切顺利，热情款待我们。她还设计各种活动，帮我们在硅谷扩大品类设计的影响。卡莉的妹妹，玛丽·福尔曼，是本书的灵魂人物，负责保证一切该发生的事发生——这对我们来说绝非易事。

　　年轻人也有所参与。阿尔的儿子卢卡斯·拉马丹和他的好朋友威尔·哈维承担了本书大部分数据研究工作。书中几乎每一个采访都是艾莉森·梅尼——凯文做记者的女儿转录的。阿尔的侄女莱拉·范·泽斯特帮我们做营销和活动，她的丈夫马克思·范·泽斯特帮我们编辑视频。

我们对佩吉·伯克感激不尽。她处处鼓励我们，她在自己家为我们举办品类设计的晚宴活动，然后和她在 1185 Design（数字品牌代理公司）的团队为我们设计出很棒的品牌、网站和护封。我们非常感激图书行业的两位传奇人物——吉姆·莱文和霍利斯·海姆鲍奇。莱文 – 格林伯格 – 罗斯坦代理公司（Levine Greenberg Rostan Agency）对我们来说不仅是版权代理人。从一开始，它就帮助我们设计这个项目，带我们去找哈珀柯林斯出版社的编辑霍利斯。我们非常喜欢和霍利斯合作，现在我们相信在图书历史上没有作者遇到过更好的编辑。她在编辑过程中的修改恰到好处，我们真心感谢她对我们和这个项目持久的热情。

我们从科技公司、风投机构、投资银行和学术界最智慧的人那里得到很多帮助。非常感谢他们愿意与我们讨论、审视我们的研究与思考。他们包括：斯坦福大学的蒂娜·泽林，闸资本（Floodgate Captial）的安·缪拉 – 高和迈克·梅泊思，标杆资本的布鲁斯·邓利维、比尔·格利、彼得·芬顿、马特·科勒和凯文·哈维，Accel Partners 的吉姆·斯沃兹、李平和杰克·弗劳门伯格，红杉资本的吉姆·戈茨、马特·米勒、布莱尔·肖恩，光速创投（Lightspeed Venture Partners）的拉维·马莱特和阿里夫·杰穆罕默德，牛棚资本的保罗·马蒂诺、邓肯·戴维森和理查德·梅尔蒙，纪源资本的杰夫·理查兹，标志投资（Icon

Ventures）的乔·霍洛维兹、杰布·米勒、汤姆·莫欣尼、迈克·马拉尼、本·施和黛比·梅瑞迪斯，Venrock 的布莱恩·罗伯茨，塞拉风投（Sierra Ventures）的蒂姆·加莱里，Accomplice 的杰夫·法格南，翼风投的彼得·瓦格纳和高拉夫·加弗，指数资本（Index Capital）的丹尼·里默，基础资本（Foundation Capital）的史蒂夫·瓦塞罗和迈克·舒，艾伦投资（Allen & Company）的迈克·克里斯蒂安森，高盛投资的乔治·李和汤姆·恩斯特，摩根士丹利的安迪·卡恩斯、吉姆·施力特和皮特·钟。此外，还要感谢罗宾·万森、杰森·梅纳德、雷·王、兰迪·沃马克、亚当·霍妮格、特拉·瓦萨罗、史蒂夫·瓦萨罗和迈克·舒。

我们还要感谢所有接受我们采访并分享个人经历的人。在本书中，你能看到他们的名字。

成为独角兽咨询团队——阿尔、戴夫和克里斯托弗：

我们创办成为独角兽咨询是因为我们想帮助创业者和高管打造并主宰市场品类——不是因为我们想写书。随着时间的推移，我们的朋友、客户、妻子、父母或侄女不时地说："你们应该写本书。"斯坦福教授蒂娜·泽林，是我们非常尊敬的作家，她鼓励了我们。佩奇·伯克也鼓励我们。所以我们动了心思。

写书听起来很难。我们交流过的一些人说，写书是他们做过的最糟糕的事。我们为财富网和技术网站写过博客，但是我们知道写书对我们来说是个问题。这一点戴夫说得很清楚，"如果我们自己写，这本书到 2087 年才能出版"。唯一的办法是：找一个撰稿人。

但是我们不想找一个代笔人。我们想找一个真正的合作者。我们不想找一个单纯把我们的话写下来的人。我们想找一个能贡献想法的人。

阿尔提议由他去联系凯文，看看他是否有兴趣。后来，为了百分之百确定凯文是可靠的人，戴夫和克里斯托弗对凯文进行了压力测试。于是，巴德·图纳晚上把凯文带到旧金山，喝啤酒和威士忌，观察凯文有没有不良行为。结果，虽然到最后凯文得扶着高脚凳才能站稳，但他表现得很好。

对我们来说，凯文是真正的搭档。他把写书变成令人振奋的冒险。他带我们找到可靠的代理商——无与伦比的吉姆·莱文。他带我们找到出版商和哈珀柯林斯出版社的"经典书打造者"霍利斯·海姆鲍奇，开始真正的写作。凯文是我们的"X 因子"——他用自己的经验和独特视角把三个疯子的思考变成你们看到的书。希望你们认为这是一本经典。

我们还想感谢：

负责制作图表的斯考特·班森，他经常要加班加点；总顾问保罗·斯塔兹；早年的临时财务副总乔·麦卡锡；来自莫斯亚当斯会计师事务所（Moss Adams）的财务团队，格雷格·芬利、拉里·卡默勒和杰瑞·余；负责建设独角兽网站的威尔·鲁比；我们的商标律师迪伊·泰；提出战略传播建议的 Face 公关主管卡琳·马鲁尼。

我们深深地感谢与我们共同实施品类设计的 CEO、高管和员工。他们帮助我们改进了在现实工作中的思路。此外，特别感谢：奥弗尔·可海恩、阿龙·阿密特、马修·考恩、休·马丁、艾米·李、西恩·哈灵顿、吉奥·科莱拉、米歇尔·劳、娜塔莉·桑德兰、约翰·道尔、约翰·麦克拉肯、马希·贝依瑞迪、亚当·肯佩和迪亚哥·卡纳雷斯。

阿尔：

感谢所有影响过我的人。

感谢我的父母汤姆和莉莲：你们教我分辨对错，教我养家糊口，告诉我教育的价值。感谢我的妻子克里斯汀，陪我经历 30 多年的风风雨雨。感谢我的孩子罗丽娜和卢卡斯。我爱你们。噢，感谢我们的狗狗小柱（Skittles）陪我散步、醒神。感谢我的姐妹，苏珊、梅瑞迪斯、亚塞明和简。感谢我的兄弟，克里斯托弗和戴夫。谢谢你们一直陪着我。

感谢年轻人：你们继承了我们留下的混乱世界，肩负着把世界变得更美好和更安全的重任，我对你们感激不尽。卢克、威利、乔什、查尔斯、萨米、本尼、泰勒、凯卓恩、马特、卡洛琳、史凯乐、梅科纳、凯特、班吉和艾琳，你们给了我力量，我相信你们一定会成功。

感谢我的侄女和侄子：莱拉、山姆、詹妮、米利、杰西卡、杰玛、杰克、卡洛琳、迈克和梅兰妮、艾德里安和斯图尔特。谢谢你们帮助我跟上时代，帮我整理收藏的音乐。

感谢一直支持我的朋友：斯图尔特·贝格、罗伯·贝格、罗伯·吉尔利、高夫夫妇、奥尔德里奇夫妇、本·瑞易斯、梅兰妮·吉迪恩、汉森夫妇、布洛赫夫妇、斯鲍瑞夫妇、柯克特夫妇、蒂姆·罗德、图尔沙·阿特雷、约翰·泰勒，还有数百位来自（小鲍巡逻，一个娱乐网站）和 XXO 团队的好伙伴。

感谢我的商业导师：飞利浦·斯诺格奥、约翰·格雷、已故的莱昂内尔·辛格、约翰·勃兰特 AM、迪克·威廉姆斯、巴瑞·温曼、罗埃尔·皮博尔、罗伯·伯吉斯、唐·卢卡斯和布鲁斯·齐岑。

感谢所有支持我不断尝试改变世界的同事。

特别感谢：早年在莫纳什大学认识的杰克·奥斯本、卡尔·哈通、迈克·斯塔福洛和苏·库什；必和必拓钢铁公司的巴特·弗吉瓦伯格、瓦莱丽·威尔森、海瑟·莫恩、布雷恩·莫恩和杰恩·迪克森；1995 年"美国杯"挑战赛认识的彼得·莫里斯、格兰特·西默尔；每一位在 Quokka Sports 工作过的人，莱斯·施密特、史蒂夫·尼尔森、帕斯卡·瓦迪歇、大卫·赖默尔、阿尔瓦罗·萨拉莱吉，不胜枚举；Macromedia 的贝茜·尼尔森、史蒂芬·埃洛普、罗伯特·乌威勒、凯文·林奇、汤姆·黑尔、米歇尔·穆戈尔、佩妮·威尔森、乔纳森·盖伊、彼得·桑坦格利、维鲁·维纳格宝和加里·科瓦奇 Adobe 的山塔努·纳瑞恩、唐娜·莫里斯、约翰·布伦南、汤姆·马洛伊和强尼·洛亚科诺。

戴夫：

感谢我的母亲美代子。30 年来，她靠上夜班挣到的微薄收入供我上学，使我有机会开启商业生涯。感谢我的爸爸弗雷德，一位"飞天农民"（flying farmer）。他告诉我，不走寻常路没什么问题，也能成功。感谢道伦斯和莉奥塔用爱荷华人的方式养育我。向我已故和健在的日本亲人鞠躬。感谢我的兄弟约翰推我、撞我，打得我满地找牙，让我变得身体强壮、内心强大。

特别感谢：我的兄弟姐妹和在黎巴嫩贝特·查巴布（Beit Chabab）的家，不自由毋宁死的丹普豪斯一家，新加坡的狄更斯一家，伦敦的马赫一家，潘森·杰克、赛斯蒂、比蒂、昌博、珍一家和传奇的科林·文森特，尤其是森西·莎娜一家、罗森、萨金特·肯和 K1 一家。

为爱说"我选兰迪·莫斯"的布莱尼奥和废话连篇的 TCFF 联盟干杯。感谢和杜利特尔比赛的日子。感谢 Chariton Chargers（查立顿光电队）和 UNI 的搭档，他们依然叫我 LCS。

最后感谢我的女儿埃莉诺·彼得森：因为有你，我安心地睡去、微笑着醒来。我爱你。

克里斯托弗：

感谢每一个爱我的人。很多时候，我觉得自己是地球上最幸运的人。非常感谢我优秀的妻子卡莉——我爱你，谢谢你和我共度人生，你让每一件事都变得美好。感谢我的兄弟和搭档，阿尔和戴夫，没有你们，我的人生不知道是什么样。凯文·梅尼，你是 X 因子，是优秀的搭档和缺失的一环。这本书是为了感谢我的妈妈婕姬和爸爸布鲁斯；妹妹卡罗琳，祖父母凯瑟琳·洛克海德、约翰·洛克海德、约翰（杰克）和玛丽（梅）·里克。我的人生充满欢笑、冒险、对话，指导我与优秀的人分享。

我永远感谢：马丁、艾玛、维多利亚、玛德琳·科特罗、玛丽、迈克、芬恩、福克斯和奎兰·福尔曼、伯特尔森夫妇、克森蒂诺夫妇、克里斯汀、拉马丹夫妇、汉森夫妇、杰森、查帕拉夫妇、罗德夫妇、哈斯夫妇、图尔莎·阿特、本·瑞易斯、梅勒尼·吉迪恩、泽斯特夫妇、科特柯夫妇、斯通夫妇、布洛赫夫妇、莱尔斯夫妇、科林·文森特、哈利夫妇、克里斯汀、坎贝尔夫妇、西姆伯格夫妇、查利夫夫妇、戴尔夫妇、杰克·休斯、迈克·丹普豪斯、马汀·戴利、森西·希珊·帕特、苏珊·马菲斯、菲儿·科利尔、克里斯汀·罗斯、汤姆·达格奈斯、詹森夫妇、达瑞尔·狄更斯、保罗·马赫、艾利·卡安、苏·巴萨明、鲍勃·豪伊、怀特夫妇、莎拉·丘吉尔、丹尼斯·麦卡拉、珍妮特·松田、彼得·科里、迈克·荷马、大卫·阿伦森、罗恩·勒佩奇、道格·史密斯、德布尔夫妇、博·曼宁、乔治·布朗、比尔·沃克、米尔德里德、埃塞尔、格拉迪斯、洛切蒂诺、雷蒙斯、穆罕默德·阿里、滚石乐队、范·海伦乐队（70 年代末、80 年代初世界上最受欢迎的乐队）、蒙特利尔博览会队（the Montreal Expos）、摇滚万岁（Spinal Tap，一支英国摇滚乐队）、强尼·卡什（美国乐坛教父）、恺瑟·苏泽（Keyser Soze，《非常嫌疑犯》的主角）、汤姆·怀特（演员、制片人）、杰克·丹尼（Jack Daniel's 知名威士忌）、兰达·罗塞（Randa Rousey，北京奥运会柔道铜牌得主）、《谋杀绿脚趾》（*The Big Lebowski*，犯罪喜剧片）、李小龙，当然还有单人喜剧表演者乔治·卡林。

对于诋毁过我和所有怠慢过我的人：我要谢谢你们的激励，呵呵……（给你们一个挖鼻孔的表情！）保佑蒙特利尔岛、塔霍湖的群山、圣克鲁兹的波涛和所有努力做大的海盗、梦想家和创新者。

凯文：

感谢我的太太克里斯汀·扬，忍受往返加州的辛苦，还有那些我必须写作而不能陪她看《我是凯特》（*I Am Cait*，一个电视节目，记录凯特琳·詹娜变性后的生活）的夜晚（宝贝，不能陪你看那些节目，我真的很抱歉……）。感谢《新闻周刊》和编辑吉姆·伊姆波克在我做这件事时给予的支持。过去，我经常感谢我的孩子艾莉森和山姆，忍受我一会儿写这本书、一会儿写那本书，但他们现在都长大了。艾莉森成了英国作家，山姆在艺术学校吹制玻璃。因此，我真的该感谢皮皮，这只猫在我漫长的写作过程中一直待在桌子上。最后，非常感谢克里斯托弗、阿尔和戴夫邀请我加入他们的团队和不寻常的大家庭。这是我的写作生涯中从未有过的美好经历……

　　我们都不希望这项工作到此结束。如果我们够幸运，这本书将只是个开始。

尾 注

前 言

1.Play Bigger 既是公司的名字又是书的名字，就像可口可乐既是公司的名字又是饮料的名字一样。

第 1 章　创新制胜

1. Kevin Maney, *Trade-Off: Why Some Things Catch On, and Others Don't*, 1st pbk. ed.（New York: Broadway Books, 2009），38–39.

2. 一家公司卖 2 000 万美元或 7 500 万美元算少的，这就是硅谷不寻常的地方。卡兰尼克说过，Red Swoosh 的售价令他失望。

3. Kara Swisher, "Man and Uber Man," *Vanity Fair*, December 2014. 斯威舍的报道见解深刻，对这部分介绍很多。此外，我们在优步成立初期就一直在研究和报道它。

4. 2014 年 7 月，休·马丁接受了凯文·梅尼的采访。因为 Play Bigger 帮助马丁树立了领域之王的思想，因此，我们与马丁的互动较多。

5. Henry Blodget, "Here's What I Meant When I Said, 'Microsoft Is Throwing Money Down a Rat Hole,'" *Business Insider*, October 19, 2012.

6. 伯宰食品的故事有点儿复杂。1992 年，克拉伦斯·伯宰创办了第一家公司，但因为他使用的冷冻技术较不成熟，公司倒闭了。几年后，他改进技术，再次创立了一家公司。但是，直到 1930 年，他才开始建设品类，在马萨诸塞州的斯普林菲尔德周围的 18 个零售商店销售各种冷冻食品。

7. Peter Thiel and Blake Masters, *Zero to One: Notes on Startups, or How to Build the Future*, Kindle ed.（New York: Crown Business, 2014）, locs. 402–555.

8. "Mike Maples on Investing in 'Thunder Lizards,'" *Dish Daily*, January 31.

9. 2014 年 12 月，保罗·马蒂诺接受了凯文·梅尼的采访。

10. 2015 年 5 月，布莱恩·罗伯茨接受了凯文·梅尼的采访。

11. Eddie Yoon, "Category Creation Is the Ultimate Growth Strategy," *Harvard Business Review*, September 26, 2011.

12. Philip Elmer-DeWitt, "Conaccord: Apple Took Home 93% of Mobile Profits Last Quarter," Fortune.com, February 9,2015.

13. Play Bigger Advisors, "Time to Market Cap: The New Metric That Matters," October 2014.

14. 2015 年 5 月，格雷格·雷默接受了凯文·梅尼的采访。

15. Adam Lashinsky, "Jawbone: The Trials of a 16-Year-Old Can't-Miss Startup," *Fortune*, January 22, 2015. 作为一名记者，凯文对 Jawbone 起起落落的关注持续数年。

16. Al Ries and Jack Trout, Positioning: The Battle for Your Mind, 20th anniv. ed.（New York: McGraw-Hill, 2001）. 这本书和简介中提到的《跨越鸿沟》和《奥格威谈广告》一样，是缺乏"正规"教育的克里斯托弗的主要商业知识来源。

17. 我们确实为 SAP 工作过。我们知道，作为一家公司，SAP 很保守。

第 2 章　品类是新战略

1. Ries and Trout, *Positioning*.

2. Geoffrey Moore, *Crossing the Chasm*, 3rd ed.（New York: HarperCollins, 2014）.

3. Clayton Christensen, *The Innovator's Dilemma: When New Technologies Cause Great Firms to Fail*（Watertown, MA: Harvard Business Press, 1997）.

4. 这是在硅谷坊间得到普遍认同和一再验证的经验法则。当然，成本在很大程度上取决于你在开发什么和你开发的方向是什么。硅谷或纽约的人力成本比丹佛或班加罗尔高很多。

5. Ries and Trout, Positioning, 31—43.

6. "自由只是无从选择的另一种说法。"不，等等，也许那只是"迷失"。

7. Barry Schwartz, *The Paradox of Choice: Why More Is Less* ﹝New York: HarperCollins, 2004﹚, 4.

8. 此处我们有两个根据：一个是丹尼尔·卡尼曼的经典之作《思考，快与慢》，另一个是克里斯·艾瓦特题为《大脑的偏见》的博客文章。

9. Michelle Wick, "Safety in Numbers," *Psychology Today*, July 16, 2013.

10. Lecia Bushak, "Conformity Is Unique to Humans, Integral in Most Social Interactions, and It Begins as Early as 2 Years Old," *Medical Daily*, November 1, 2014.

11. 我们发现，自 2000 年起，在 4 424 家拿到风投的技术公司中，有 200 家获得了 A 轮融资，其中 69 家成功上市。

12. 我们向一些顶级风投机构和投资银行家展示了我们的研究成果，可以说，他们都惊呆了。

13. 或者头疼是啤酒引起的？

14. Preston Gralla, "Microsoft Released Its First Tablet 10 Years Ago. So Why Did Apple Win with the iPad?" *Computerworld*,

November 10, 2011. 凯文作为记者亲身经历了这个过程——在正式发布第一款平板电脑前，盖茨曾经在微软总部自豪地向凯文展示过。

15. Dan Frommer, "How to Launch a Product That Will Make 10 Billion in Its First Year," *Business Insider*, January 27, 2011.

16. 事实证明，几年后，在 iPad 和 iPhone 之间，还有另一个新品类要出现，那就是大屏幕智能手机——苹果在这个领域是追随者。这个新品类在一定程度上把消费者从平板电脑和小屏幕手机领域抢走了。

17. Clare O'Connor, "The Mystery Monk Making Billions with 5-Hour Energy," *Forbes*, February 8, 2012.

18. 如果你在 20 世纪 90 年代去 Alta Vista 搜索 "play bigger"，你会得到很多杂乱无序的页面。现在你去谷歌搜索 "play bigger"，我们可能排在前列。

19. Steven Levy, *In the Plex: How Google Thinks, Works, and Shapes Our Lives*, Kindle ed.（New York: Simon & Schuster, 2011），loc. 477. 在这里我们还要说件事。在谷歌搜索首次发布前后，凯文在一个技术大会上见过拉里·佩奇。当时拉里向凯文简单介绍了谷歌，凯文离开时还想："为什么世界还需要一个搜索引擎？" 如果当时他知道谷歌会有今天的成就，凯文就会早早地给谷歌投资，然后变得非常富有，也不用在这儿苦苦写书了。

20. 到 21 世纪初，它的品类也许不再是 "组织排列世界的信息"，而是变得更加强大，几乎整个领域都能被称为"谷歌"。这就是领域之王的影响力。

21. 2014 年 12 月，戴安·格林接受了凯文·梅尼的采访。在《今日美国》做专栏作者时，凯文还写过一篇有助于格林定义领域的文章。

第 3 章　品类设计的概念

1. 乔布斯的口头禅就是，"我们活着就是为了改变世界"。

2. 在 Play Bigger，"一堆门把手"是公司产品线杂乱、平庸的代名词。

3. 来自这本书的开篇介绍。

4. 2014 年 12 月，丹尼斯·波义耳接受了凯文·梅尼的采访。

5. 亚马逊推出 AWS 时，凯文还是《今日美国》的专栏作者，他当面采访了贝佐斯。如凯文在 2006 年 11 月 21 日的专栏中所写，他问贝佐斯："亚马逊将如何向大众介绍这项奇怪的新业务？"贝佐斯大笑，说："我还没想清楚怎么介绍比较好，我希望你能帮我介绍好。"

6. 作为 Vantive 的营销高管，克里斯托弗和戴夫被希伯尔系统打败了，所以他们知道直接与领域之王对抗的感觉。这让他们下定决心，再也不做某个品类王阴影下的奴隶。

7. Marc Benioff and Carlyle Adler, *Behind the Cloud: The*

Untold Story of How Salesforce.com Went from Idea to Billion-Dollar Company—and Revolutionized an Industry（San Francisco: Jossey-Bass, 2009），23–28.

8. Gary Rivlin, "It's Not Google. It's That Other Big I.P.O.," *New York Times*, May 9, 2004.

9. 为什么我们那么喜欢贝尼奥夫的故事？原因有很多，这是其中一个。

10. Kevin Maney, "Salesforce.com's CEO Knows Being Quirky Gets You Noticed," *USA Today*, February 25, 2004.

11. Benioff and Adler, Behind the Cloud, 40.

12. Salesforce 在成立 5 年半后上市，稍稍偏离了 IPO 甜区。它的股价上涨缓慢，直到 2009 年——成立 10 年后——才开始长期大幅攀升。对此，我们饶有兴趣地研究了一番。这说明 Salesforce 上市太早，它所在的品类在公司成立 10 年后才真正形成。

13. 布莱恩·罗伯茨接受了凯文·梅尼的采访。

14. 伊隆·马斯克，"我们所有的专利属于你"，特斯拉官方博客，2014 年 6 月 12 日。

15. SAP。

第 4 章　如何发掘新品类

1. 听过比尔·盖茨引用的一句话吗？"成功不是好老师，因为它让聪明的人误以为自己永远不会失败。"这话从比尔·盖茨嘴里说出来怪怪的，毕竟他身价约 800 亿美元。

2. 2014 年 12 月，保罗·马蒂诺接受了凯文·梅尼的采访。

3. 在英国老电影《巨蟒与圣杯》中，一个人遇到死亡之桥时要答对三个问题才能通过。"戴夫三大问"有点儿像硅谷版的"生死问答"。也许戴夫的最后一个问题应该是："燕子不负重时的飞行速度……是多少？"

4. 开玩笑！没有鳄鱼的陷阱。

5. Michael Fix, "Les Paul Interview," MichaelFix.com, April 2008.

6. 2015 年 6 月，为写此书，凯文·梅尼采访了安·缪拉－高和迈克·梅泊思。

7. Gene Maddaus, "Snapchat Went from Frat Boy Dream to Tech World Darling, but Will It Last?" *LA Weekly*, October 17, 2013.

8. Ushamrita Choudhury, "The Flipkart Story," *Hindu, April* 7, 2012.

9. 2008 年 5 月，杰夫·贝佐斯接受了凯文·梅尼的采访。其实，那次是现场采访，在纽约大学当着约 400 位观众的面。

10. 来自凯文·梅尼对缪拉·高的采访。

11. Kevin Maney, "New Invention, Skype, Could Turn Telecom on Its Ear," *USA Today*, April 14, 2004.

12. This section drawn from Ed Catmull with Amy Wallace, *Creativity Inc.: Overcoming the Unseen Forces That Stand in the Way*

of True Inspiration（New York: Random House, 2014）.

13. 领先于 Skype！然而，事实证明 VocalTec 太超前了，大众也尚未认可这个品类。

14. Ingrid Lunden, "Still in Stealth, Origami Logic Gets 9.3M to Help Marketers Unfold and Make Sense of Big Data," TechCrunch, November 14, 2012.

15. 2015 年 5 月和 6 月，厄弗尔·卡亨两次接受了凯文·梅尼的采访。

16. 其实我们不称呼他"Zed"。我们私下用另一个名字指代他，但如果我们如实地在书里写出来，可能会冒犯这个人。换句话说，我们用了化名来保护这个犯错的人。

17. 2014 年，布莱恩·切斯基接受了凯文·梅尼的采访。

18. 然而，顶级传统酒店公司——喜达屋国际酒店集团的估值仅为 140 亿美元。

19. 我们应该知道。我们犯的两个最大的错与两个大公司有关，一个是德国的一家软件公司，另一个是一家名字中有"蓝"字的安全软件公司。在这两个案例中，虽然它们的管理层请我们协助其开辟新品类，但实际上他们都没有足够的勇气。

第 5 章 战略：理念的力量

1. Gordon H. Bower and Michal C. Clark, "Narrative Stories as

Mediators for Serial Learning," Stanford University, 1969.

2. Paul J. Zack, "Why Your Brain Loves Good Storytelling," *Harvard Business Review*, October 28, 2014.

3. 至少微软在 21 世纪初还没有这种理念。在 20 世纪八九十年代，比尔·盖茨管理的微软当然具备了这种理念。简单地说，这个理念就是"每张桌子上的电脑都使用 Windows 操作系统，让任何妨碍这个目标的人滚开"。到 21 世纪初，微软在新任 CEO 的带领下试图重新发声。

4. Benioff and Adler, *Behind the Cloud*, 32.

5. Ryan Marc, "The Mad Billionaire Behind GoPro: The World's Hottest Camera Company," *Forbes*, March 25, 2013.

6. 更不用说他们的用户了。有多少人会觉得乘坐美联航的航班很兴奋？

7. 2008 年埃文·威廉姆斯接受了凯文·梅尼的采访。

8. 我们刚发现本书中大量的案例起源于斯坦福大学，这纯属巧合。

9. 2014 年 11 月，克里斯汀·查布特接受了凯文·梅尼的采访。

10. Andrea Butter and David Pogue, *Piloting Palm: The Inside Story of Palm, Handspring, and the Birth of the Billion-Dollar Handheld Industry*（New York: John Wiley & Sons, 2002）, 108.

11. This section drawn from *Piloting Palm* and from Kevin

Maney's column, "10 years Ago Palm Pilot Got Started on a Bluff by Inventor," *USA Today*, March 28, 2006.

12. Butter and Pogue, *Piloting Palm*, 80.

13. 我们知道，Scient 在 2002 年倒闭，但那并不是它的市场理念和定位错误导致的。Scient 倒闭的原因恰恰是由于成长太快，以致经济泡沫破灭市场需求下降时，它无法灵活应对并进行适度调整。

14. 在这里，我们不妨也奚落一下戴夫。在 21 世纪初，戴夫创立了一个叫 GiveMeTalk 的网络广播网，理念是"让任何互联网用户都可以免费生产并广播自己的电台节目秀"——"你可以在 GiveMeTalk 上做免费的自由演讲"。GiveMeTalk 刚好出现在苹果的 iPod 及相关的播客概念诞生前，而正是这些新玩意儿彻底地扼杀了互联网电台脱口秀，让戴夫只好一个人喝着闷酒，眼看着播客、社交网络和用户生产内容的新媒体兴起。

15. Kevin Maney, *Trade-Off: The Ever-Present Tension Between Quality and Convenience*（New York: Broadway Books, 2010），1.

16. 在克里斯托弗的词典里，世界上所有的高级场所都像"城堡"。

17. Thiel, *Zero to One*, loc. 1397.

18. Brad Stone, *The Everything Store: Jeff Bezos and the Age of Amazon*（New York: Little, Brown, 2013），69—70.

19. Benioff and Adler, Behind the Cloud, 33—34.

20. 戴夫在水星互动时，他曾经面试过一个公关职位的候选人。戴夫认为，在水星互动工作的一大必备要素就是认同公司的理念和使命。坦率地说，水星互动的要求很严格，如果三周内一个新人还不能认同公司文化，水星互动就不会录用他了——当然，如果你认同了，水星互动就会希望你一直留下来。在各项测试之后，戴夫觉得这个候选人的业务能力符合公司要求，于是让克里斯托弗对她做"你是否认同公司理念"的面试。然而，第一次面试时，她打电话说得重新约时间，因为她遇到了车祸。戴夫是个严厉的人，但是出于同情他同意了重新安排面试时间。第二次面试时，她提前打电话说因为堵车会迟到。戴夫告诉她："你不用来了。"她不理解，问为什么。戴夫问她："如果你知道在水星互动的会客室有 100 万美元等你捡，你只要准时出现就能得到的话你还会迟到吗？一定不会，你前一天夜里就会守在这儿，准备及时拿走那 100 万美元！加入水星互动不仅仅是得到一份工作，加入我们公司，共同完成使命，这是一个事关你个人前途和公司发展的重大决定。"戴夫希望，如果这名候选人读到了这本书，能够体谅他。

21. Catmull, *Creativity, Inc.*, locs. 1080–1091.

22. 又是斯坦福！

23. 还记得那个说"买彩票是交智商税"的经典笑话吗？

第 6 章　动员：付诸行动

1. 一旦公司成为品类王，聘请职业经理人就非常重要，但在此之前并不需要。在挖掘公司所有的领域潜力时，职业经理人非常有价值。但是，他们过早介入新公司或新产品线则是致命的。

2. 褒义的。

3. 记住乔布斯的名言："根据大众的需要去设计产品其实是非常难的，因为在很多情况下，人们并不知道自己想要什么，所以需要你展示给他看。"

4. 我们写这章时，谷歌刚刚重组为 Alphabet（字母表）。我们立刻明白，它这样做与引力有关。现在，如果谷歌希望增加新业务来增加改变世界的可能，它也许会考虑品类设计。所以，我们在等拉里·佩奇的电话。

5. 2014 年秋，罗伯·伯吉斯在旧金山接受了凯文的采访。为了这部分，凯文还采访了布鲁斯·齐岑（Bruce Chizen）。Adobe 公司收购 Macromedia 时，齐岑是 CEO。21 世纪初，阿尔在 Adobe 公司工作。

6. 2009 年顶级互联网分析师玛丽·米克发布了她的年度互联网报告。她指出，NTT DOCOMO 在第一个季度的移动互联网增长率远高于桌面互联网。2009 年 10 月 20 日，玛丽·米克在旧金山网络 2.0 峰会上发表了"经济 + 互联网趋势"的演讲。

7. Alex Taylor III, "Iacocca's Minivan: How Chrysler Succeeded

in Creating One of the Most Profitable Products of the Decade,"
Fortune, May 30, 1994.

8. 同上。

9. "Chart of the Day: U.S. Minivan Market Share In 2014," The
Truth About Cars, September 13, 2014.

第 7 章 营销：引领潮流

1. 这部分基于凯文·梅尼对休·马丁和艾米·李的采访，以及
我们帮助 Sensity 进行品类设计的经验。

2. 对——他就是那个帮助马克·贝尼奥夫宣传 Salesforce 及
其新领域的记者。虽然我们都认识唐很久了，但我们以前并不知
道他对 Salesforce 的报道。唐在本书中出现两次纯属巧合。

3. 我们必须声明，Sensity 并没有打算利用马拉松爆炸案。不
过，新闻机构常常把新闻事件联系起来。很显然，是《华尔街日
报》的编辑看到了爆炸案和 LSN 之间的联系。

4. Don Clark, "Testing Smart Lights That Find Parking, Feel
Quakes," *Wall Street Journal*, April 16, 2013.

5. 以前，凯文出版了两本关于 IBM 的历史的书：一本是
IBM 创始人老托马斯·沃特森的传记——《特立独行者和他的
IBM 帝国》(*The Maverick and His Machine*，2003)；另一本是
他与杰弗瑞·M. 奥布莱恩（Jeffrey M. O'Brien）、史蒂夫·哈姆

（Steve Hamm）合著的《让世界更美好》（*Making the World Work Better*，2011）。这部分借鉴了他为写那两本书所做的工作、研究成果，以及数年来他为其他出版物撰写的与 S/360 相关的文章。

6. Rob Lever,"Venture Funding for Startups Still Surging," Phys.org, July 23, 2015.

7. Ries and Trout, *Positioning*, 43–46.

8. 关于"经验曲线"的背景，请看卡尔·斯特恩与迈克尔·戴勒姆编写的《波士顿战略观点》（*The Boston Consulting Group on Strategy*，2006）。

9. 2015 年 8 月，理查德·梅尔蒙接受了凯文·梅尼的采访。

10. 2014 年 7 月，马丁接受了凯文·梅尼的采访。

11.《"2004 创始人"的 IPO 公开信》（*2004 Founders' IPO Letter*）源自谷歌提交给美国证券交易委员会的招股书。这个场合也许很适合说明闪电战不是一劳永逸的。到 2015 年，施密特离开了，CEO 佩奇孤军奋战，公司重组成 Alphabet。重组后，公司能在某些业务上冒险，同时为投资人保护核心的搜索业务。相当多的技术专家、普通用户和公务员，包括欧盟的反垄断官员，将会对谷歌无论如何都"不作恶"的口号展开争论。

12. 我们承认，这个比喻有点问题。因为，众所周知，自然规律是先闪电再打雷。但是，鉴于在发现嘲讽的价值之前，我们使用"闪电战"一词已经好几年。把嘲讽称为"打雷"很自然。直到后来，才有人指出我们把闪电和打雷的顺序颠倒了。

13. Benioff and Adler, *Behind the Cloud*, 43.

14. Stone, *The Everything Store*, 55.

15. 克里斯托弗和戴夫非常了解水星互动的故事，这源自他们的知识储备和细致观察。他们都说在水星互动的工作经历是自己职业生涯的亮点。他们仍然和许多以前的同事保持密切联系。

第8章 加速：从品类王到传奇霸主

1. Max Chafkin, "Why Facebook's 2 Billion Bet on Oculus Rift Might One Day Connect Everyone on Earth," *Vanity Fair*, October 2015.

2. Kirkpatrick, *The Facebook Effect*（New York: Simon & Schuster, 2010）, 37–39.

3. 同上，第 155–157 页。

4. 我们从多种视角观察微软的故事——合作伙伴、竞争对手、公司高管的朋友，还有记者，就像通过验光师办公室的某种机器观察一样。

5. 2015 年 4 月，为了庆祝微软成立四十周年，比尔·盖茨给公司员工写了一封信。他写道："早期，保罗·艾伦和我设定的目标是，让每张桌子都摆上一台电脑，让电脑进入每个家庭。这是个大胆的想法，很多人认为我们异想天开。此后，计算机的发展令人惊叹。我们都为微软在计算机革命中扮演的角色感到自豪。"

6. 这就是为什么 2000 年微软受到美国司法部的起诉。司法部认为，微软通过自己的品类王地位，几乎消灭了所有竞争对手——Windows 操作系统在个人电脑上的占有率一度达到90%。2000 年 4 月，联邦法官托马斯·彭菲尔德·杰克逊裁定微软违反垄断法时说，微软的行为抑制了竞争对手的发展。

7. 被我们称为"拼命三郎"的克里斯托弗常用这样一个比喻："品类王的博弈就像专业的体育锦标赛。首先你得成为家乡的冠军，然后成为地区冠军、州冠军、全国冠军。你想当上冠军，就必须参赛，来面对更大、更强的对手。"

8. 这是 2015 年秋天，发生的一段在阿尔、戴夫和克里斯托弗之间的对话。

9. Heather Clancy, "Could Your Service Be Better? Service Now Has an Answer," *Fortune*, January 16, 2015.

10. 我们很赞同斯鲁特曼在这方面的做法。成为品类王往往会把一些 CEO 变成首席"自我"官。我们见过一些 CEO，他们在刚刚有所成就时就笑得像照片登上《财富》或《福布斯》杂志封面的摄影师一样，绕场一周庆祝胜利。然后，由于沉浸在胜利的喜悦中，他们从此精神懈怠。即便是曾经最谦虚、最理智的高管，也能被暂时的成功冲昏头脑。

11. 其中一个是克里斯托弗曾经任职的 Jive（一家服务企业用户的商务社交平台）。直到今天，他仍然认为 Jive 本可以成为 Slack（比 Jive 发展得更好），但是 Jive 缺乏勇气去实现这一点。

这是最令克里斯托弗沮丧的事情之一，就像他的一个伤口，仅仅是在这里提到这个名字就让他心情低落。

12. 对来自爱荷华州的戴夫来说，非常合理。

13. 鲍尔默退休后买了一支篮球队，这也许有趣但与品类设计无关。

14. Maney, *The Maverick and His Machine*, 426.

15. "Tim Cook: 'I Think Steve Jobs Is Smiling Right Now,'" *ABC News*, September 9, 2014.

第 9 章 公司篇：不断创造品类的宝贵艺术

1. 他们也许正在读提姆·弗里斯的《每周工作 4 小时》（*The 4-Hour Workweek*）。

2. U.S. Nielsen Breakthrough Innovation Project, 2015.

3. As summarized in Peter F. Drucker, "The Discipline of Innovation," *Harvard Business Review*, August 2002.

4. 摩尔《逃逸速度》（*Escape Velocity*）一书中的第一句话："本书讲的是如何把你的公司从过去的引力中解放出来。"

5. 2015 年年末，在亚马逊网站上搜索有关"创新"的书会得到 70 729 个结果。

6. 这部分主要来自 2015 年 9 月凯文对温德尔·威克斯的采访。2007 年，在北卡罗来州大学，凯文还就领域创新和复兴采访过威

克斯。凯文在纽约州北部长大，第一次做记者时的工作地点距离
纽约州北部的康宁 90 分钟的路程，他长期关注和撰写关于这家
公司的文章。

7. 2008 年，杰夫·贝佐斯在纽约接受了凯文·梅尼的采访。

8. 同上。

9. 2014 年，贝佐斯在布洛吉特的创新大会（Ignition）上接
受了亨利·布洛吉特的采访。

10. 同上。

11. Stone, *The Everything Store*, 216–217.

12. Larry Page, "G Is for Google," August 2015.

13. Julie Bort, "Salesforce's CEO Bashes SAP: 'They Should
Try Writing Some Software,'" *Business Insider*, May 20,2015.

14. Marc Andreessen, "Why Software Is Eating the World," *Wall
Street Journal*, August 20, 2011.

15. 2015 年 9 月，艾迪·尹接受了凯文·梅尼的采访。

第 10 章　生活中的你如何成为"品类王"

1. 凯文说，戴夫讲这个故事时，很像一位每隔三天就要跟
你讲一遍同样的故事，但他又觉得自己好像从来没讲过一样的老
爷爷。

2. 基本上只能在宾厄姆顿看到卤鱼。

3. 克拉克、比姆和威林斯基都已经去世了。加里的父亲曾经是澳大利亚皇家空军飞行员。写这本书时，加里还活着，他正在写有关"二战"中的澳大利亚空军的书。

4. 我们向杰弗瑞·摩尔和吉姆·柯林斯这样的作者致敬。在本书完结之际，我们必须向伟大的思想家、哲学家道格拉斯·亚当斯脱帽致敬。亚当斯与我们的事业无关，但与我们的幽默感有很大关系。

5. 或者说，喝下自己酿的苏格兰威士忌更恰当。

6. 友情提示：千万不要在太兴奋时看这句话。